고전이 알려주는
# 생각의 기원

고전이 알려주는

# 생각의 기원

너의 생각은 어디에서 왔니?

정소영 & 이연임

도서출판 렉스

인간은 저마다 생각한다. 그러나 생각하는 갈대이다. 문제는 그 생각이 어디서 비롯되었는지에 대해 깊이 생각하지 않는다. 그 결과 내가 생각을 이끄는 것이 아니라 생각이 나를 이끌어간다. 나만이 아니다. 이웃도 세상도 휩쓸려간다. 두 저자는 이 세상에 갇혀버린 생각들의 연원을 파헤친다. 이미 거대 프레임으로 고착된 생각들로부터 자신들을 건져낸 그 빛을 우리모두에게 비춰준다. 놀랍게도 두 저자는 다윗의 물맷돌을 던졌다. 골리앗과 같은 고전의 프레임들이 쓰러지는 환상을 본다. 이 세계관 전쟁 또한 하나님께 속한 전쟁이기 때문이다.

조정민 | 베이직교회 목사 |

모든 이들이 나름의 세계관을 가지고 세상을 살아간다. 그러나 자신의 세계관에 대해 깊이 이해하고 그 근원을 알 뿐 아니라 의식적으로 참된 세계관을 선택하는 사람이 얼마나 될까? 세계관은 내가 세상을 보는 시각이요 렌즈이면서 동시에 나의 인생을 결정하는 가치관이다. 그러므로 세계관은 컴퓨터의 운영체계와 같이 자기 자신의 가장 중요한 가치 체계이다. 이 선택에 의해 우리는 전혀 다른 인생을 살게 된다.

두 저자는 이 시대에 팽배한 세계관, 즉 생각의 근원을 지난 시대 다섯 권의 고전과 그 저자들에게서 찾아 명료하게 정리해 줄 뿐 아니라, 성경적 세계관과 비교하여 그 차이점과 이로 인해 귀결되는 삶의 결과를 진정성

있게 제시하고 있다. 이를 통해 복잡한 것 같은 생각의 근원들이 간결하게 정리되고 하나님 앞에 높아진 모든 이론을 파하고 나의 세계관을 다시 리셋 할 수 있는 필연적 기회를 허락한다.

박영춘 | 한동대학교 전산전자공학부 교수, '하심' 사역 대표 / 설립자 |


책을 읽는 내내 입가에서 미소가 사라지지 않았다. 마음 깊은 곳에서부터 바라고 있었던 '바로 그 책'을 만난 기분이었기 때문인 것 같다. 아무 의심 없이, 마음 속에 자리 잡고 있는 생각이 자신의 것인줄만 알고 살았던 사람들에게 이 책은 적잖은 충격과 함께 그 생각이 어디에서 왔는지 시원하고 명쾌한 해답을 제시해 준다.

두 저자는 생각의 기원을 밝히는데서 멈추지 않고, 독자들로 하여금 그 생각을 계속해서 따를 것인지, 아니면 돌이킬 것인지 선택하도록 도전한다. 명징한 문장에 담긴 깊은 내용은 어른 뿐만 아니라, 어린아이들도 쉽게 이해할 수 있는 묘한 설득력을 가지고 있다. 세계관을 공부하는 사람 뿐만 아니라, 세계관을 가르치고 있는 사람들에게도 이 책은 유익한 길라잡이가 될 것이라 확신한다.

내가 이 책의 마지막 장을 넘길 때, 유쾌한 설득을 당한 기쁨으로 행복했던 것처럼, 이 책을 읽는 모든 사람들이 마지막 장을 넘길 때 동일한 설득과 기쁨이 있기를 바란다.

이지웅 | 더바이블미니스트리 대표 |


우리는 대부분 어느 죽은 경제학자의 노예라고 한 케인즈의 표현을 빌리면, 오늘날 우리는 모두 몇몇 사상가들의 정신적 노예라고 볼 수 있다. 이 책은 21세기를 사는 우리 역시 19세기 이후에 기독교를 반대하며 등장한 다윈, 프로이트, 마르크스, 니체 등의 사상에 영향을 받고 있다는 것을 설명하고 있다.

지난 30여 년간 기독교 학문이 무엇인지 고민을 하고 살았고, 그 해결책으로 성경적 세계관이 중요하다는 것을 인식해서 세계관 운동을 하다 보니, 지금은 세계관으로 현실을 설명하는 월간지 〈월드뷰〉를 발행하게 되었다. 그동안 세계관에 관한 책은 많이 보았는데, 쉽게 젊은이들에게 세계관을 고쳐줄 수 있는 책이 그리 많지 않다. 저자들이 "세인트폴 세계관 아카데미"를 운영하면서 젊은이들과 고전을 읽고 토론했기 때문에 이렇게 19세기의 고전과 21세기를 사는 젊은이들의 사고를 연관시킬 수 있었던 것 같다. 나도 이제는 학생으로서 세인트폴 세계관 아카데미와 함께하고 싶다는 생각이 든다.

**김승욱** | 중앙대학교 명예교수, 〈월드뷰〉 발행인 |

• • •

# " 우리 아이들 머릿속에 든 생각은
# 진짜 자기 생각일까? "

각자의 의견을 묻는 질문에 비슷한 대답을 하는 중고등학생들, 그리고 자기 생각을 서술하라는 과제에 유사한 의견을 적어내는 대학생들을 만나며 의문이 생겼다. 분명 서로 다른 외모를 가진 각기 다른 사람인데 왜 생각하는 방식에는 별 차이가 없는 것일까? 혹시 누군가의 생각을 비판 없이 함께 받아들였기 때문에 이렇게 닮은 생각을 하게 된 것은 아닐까? 하는 질문이 계속 머릿속에 맴돌았다.

그리고 주위를 둘러보니 나를 포함한 어른 세대 역시 상당히 비슷한 생각의 틀을 가지고 있음이 보였다. 그 이유가 뭘까 고심하다 정소영 변호사님과 세계관과 고전을 연구하기 시작했고, 이 책은 바로 그 결과물이다.

우리는 현대 사회의 학문적, 사상적, 제도적 틀을 구성하는데 핵심적인 역할을 한 고전들을 자세히 살펴보았다. 그 과정에서 이 책에 나오는 다섯 권의 고전이 이야기하는 세계관이 지금 우리와 우리 아이들이 공유하고 있는 생각의 기원(Origin of Thoughts)이 된 것을 확인할 수 있었다. 그래서 책 제목을 "고전이 알려주는 생각의 기원 – 너의 생각은 어디에서 왔니?"로 정했고, 인간과 세상을 설명하는 절대적 진리이자 모든 것의 기원(The Origin)인

성경이 말하는 세계관을 함께 담았다.

이 책의 매 장에서 변호사님은 고전을 저술한 인물과 그가 펼친 세계관을 구체적으로 풀어내었고, 나는 현시대의 사고방식과 사회적 이슈들이 고전에서 파생된 세계관과 어떻게 연결되는지 설명하였다. 그리고 평범한 그리스도인이자 한 인간으로 삶에서 끊임없이 부딪히는 여러 문제와 씨름하며 하나님과 동행했던 개인적인 경험도 나눴다.

제 1장에서는 인간의 쓸모에 대한 생각을 촉발한 찰스 다윈의 이야기를 다룬다. 특히 '생존경쟁', '적자생존', '무목적성/우연'이라는 개념을 가지고 유용한 인간만이 존재의 의미가 있다고 주장하는 진화론적 세계관과 누구나 그 존재만으로 존엄하고 가치 있다고 선언하는 성경적 세계관을 비교한다.

제 2장에서는 인간의 정신세계 범위를 의식에서 무의식으로 확장함으로써 인간 본성에 대한 이해의 지평을 연 지그문트 프로이트를 소개한다. 인간은 충족되지 못한 욕망이 있는 한 고통스러울 수밖에 없다고 주장하는 프로이트적 세계관과 인간은 성령의 능력으로 욕망을 다스릴 수 있는 존재라 선언하는 성경적 세계관을 비교한다.

제 3장에서는 이 세상에 공산주의라는 이데올로기를 처음으로 소개한 마르크스의 이야기를 다룬다. 경제적 불평등을 타파함으로써 노동자들의 유토피아 건설을 주장한 공산주의 세계관과 경제적 차이를 인정하고 선으로 이를 극복할 방법을 찾는 성경적 세계관을 비교한다.

제 4장에서는 신은 죽었다고 선언하며 도덕의 절대 기준을 없애고 포스트 모더니즘 시대를 연 니체의 이야기를 다룬다. 절대적 옳고 그름에서 빗어나 상대적 관점과 기준을 인정하자는 니체적 세계관과 하나님이

정하신 절대적 도덕률이 존재하므로 이를 지키며 살자는 성경적 세계관을 비교한다.

제 5장은 자본주의 시대에 인간의 일에 대한 이해와 태도를 조명한 막스 베버의 이야기를 중심으로 전개된다. 소명의식을 가지고 일했으나 그 일의 결과로 나타난 경제적 보상으로 구원의 예정됨을 확인하려 했던 프로테스탄트들의 세계관과 구원에 대한 불안이 아닌 확신을 품고 하나님의 자녀로서 주어진 일을 충성스럽게 하고자 하는 성경적 세계관을 비교한다.

이 책은 사실 나 역시 여전히 애쓰고 있는 것들을 함께 시도할 사람들을 찾는 마음으로 썼다. 언제든 지금 자신이 가지고 있는 세계관은 무엇이며 어디에서 온 것인지 스스로 확인하고, 올바른 세계관에 기초해 세상에 넘쳐나는 메시지들을 분별하고자 하는 사람 말이다. 또한 이 책을 읽어 내려가는 모든 과정에서 성경이 더욱 궁금해지고 하나님을 다시금 기억하는 사람들이 나타나기를 기대하고 있다.

끝으로 이 책을 쓸 수 있게 하시고 내 삶의 모든 순간에 살아 역사하시는 하나님께 깊이 감사드린다. 또 세인트폴 세계관 아카데미 자문위원으로 성경과 하나님의 본심에 대해 가르쳐 주신 김상민 간사님께 고마움을 전한다. 한참 동안 이 책만 붙들고 있었던 나를 언제나 믿음으로 응원해주신 어머님, 새벽 늦게까지 교정교열을 해준 남편 이찬욱, 책 쓰고 있을 때마다 엄마 힘내라며 뒤에서 꼬옥 안아 준 아들 이호준에게 사랑을 전한다.

＿＿ 이연임

...

## " 이 책을 무슨 책이라 해야 할까? "

천국을 무엇이라고 말해 주어야 할까?
한 알의 겨자씨 같다고 할까, 밭에 감추인 보물같다고 해야 할까 ...
눈에 보이지 않는 천국을 설명하기 위해 예수님께서 무척 고심하신 듯한
모습이다.

이 책을 쓰면서 비슷한 고민을 했던 것 같다.
이 책의 정체는 무엇이라고 해야 할까, 독자들은 이 책을 어떻게 받아들이
게 될까 ... 하고 말이다.

첫째, 이 책은 세계관에 관한 책이다. 그런데 단지 우리가 사는 이 세상의
주된 세계관에는 어떤 것이 있으며 그 세계관들이 우리의 삶에 어떤 영향
을 미치는가를 알려주기만 하려고 쓴 책이 아니다. 이 책을 읽고 나면 삶의
태도와 선택이 좀 달라질 수 있기를 소망하며 쓴 책이다.

둘째, 이 책은 2020년 1월, 세인트폴 세계관 아카데미의 '현대의 문을 연
고전들' 이란 프로그램의 열매이다. 이 과정을 통해 청소년들과 함께 현대
인의 세계관의 기원이 된 고전들을 읽고, 이 고전들과 성경을 비교하여 토
론해 보면서 앞으로 우리의 다음 세대들은 어떤 세계관을 가져야 할지에

대해 나름대로 정리한 내용이다.

셋째, 이 책은 이연임 박사와의 우정의 결실이다. 10살이란 나이 차이가 있지만 매주 함께 예배하며 언젠가 하나님의 일을 함께 하게 될 것이라 믿었다. 이 책은 그 예배를 통해 서로의 삶과 묵상을 나누면서 쌓은 신뢰의 결과물이다. 그동안 우리는 서로 다른 분야에서 각각 전문성을 쌓아가고 있었지만 하나님께서는 서로가 충분한 시너지를 낼 수 있을 때까지 훈련하신 후에 첫 번째 공동작품을 만들어 내게 하신 것 같다.

이 책이 나오기까지 세인트폴 세계관 아카데미 1기를 함께 해 준 학생들과 선생님들이 있었다. 이들이 처음 시작하는 세인트폴 세계관 아카데미에 믿음과 열정을 가지고 도전해 주지 않았다면 이 책은 나오지 못 했을 것이다. 우리는 이들에게서 다음 세대의 가능성을 보았다.

나의 훈련의 장이 되었던 세인트폴 고전인문학교에도 감사를 드린다. 처음 고전인문학 독서학교를 같이 시작해 보자는 제안을 받았을 때 이 학교가 가질 의미에 대해 반신반의했었다. 그러나 고전 독서를 통해 인간의 이성으로 닿을 수 있는 최고 수준의 지혜를 맛보면서 인간의 한계에 대해 더 깊이 깨닫게 되었다. 인간이란 하나님 앞에 무릎을 꿇을 수밖에 없는 나약하고 불완전한 존재이다.

이제 성경적 세계관을 다음 세대에게 전수하고자 하는 우리의 사역은 지금부터 시작이라고 감히 선포한다. 이미 많은 훌륭하신 분들이 성경적 세계관 교육에 헌신하고 계심을 알고 있다. 그러나 이 시대가 너무도 혼탁하고, 급박하기에 하나님께서는 나처럼 부족한 사람의 손도 좀 거들어 도우라고 이 일을 시작하게 하신 것이 아닌가 한다. 이 책이 우리의 가정과 교회를 깨우는데 조금이나마 역할을 할 수 있다면 진심으로 감사한 일이 될 것이다.

끝으로 늘 든든한 지지자가 되어주는 사랑하는 남편과 두 아들에게 고마움을 전한다. 아이들은 나에게 다음 세대를 가슴에 더 깊이 품을 수 있게 하고 이들을 향한 주님의 마음을 알게 한 축복의 통로이다. 가족을 통해 내 삶에 새로운 비전을 주신 하나님께 감사드린다.

"그러므로 저희가 그리스도 예수를 주로 받았으니 그 안에서 행하되, 그 안에 뿌리를 박으며 세움을 입어 교훈을 받은 대로 믿음에 굳게 서서 감사함을 넘치게 하라. 누가 철학과 헛된 속임수로 너희를 노략할까 주의하라. 이것이 사람의 유전과 세상의 초등학문을 좇음이요. 그리스도를 좇음이 아니니라." | 골로새서 2: 6-8 |

___ 정소영

# 고전이 알려주는
# 생각의 기원 Contents

**프롤로그**

ORIGIN OF THOUGHTS

# 1장

# 쓸모 있는 사람만 살아남는다

## 찰스 다윈의 [ 종의 기원 ]

ORIGIN OF THOUGHTS

또 한 명의 아이가 죽었다. 자살이다. 어느 119대원분께 들으니 자신의 핸드폰 속에는 자살로 죽은 사람들을 찍은 현장 사진이 가득하다며 우리 사회에서 이제 자살은 일상이 되었다고 했다. 그러고 보니 함께 일했던 연구원이 밤늦게 퇴근하는 길에 겪었던 일이라며 해주었던 이야기가 생각난다. 아파트 동 앞에 누워있는 분이 있어 술 취한 분이라 생각해 경찰서에 신고했는데 이후 알고 보니 자살한 이웃의 시체여서 너무 무서웠었다고 했다. 또 어느 학부모가 아들 친구가 성적을 비관해 베란다에서 떨어져 죽었다고 말했던 것도 떠오른다. 이처럼 주로 뉴스에서 듣던 내용을 나와 내 주변 사람들에게 들으니 정말 자살이 얼마나 흔한 일이 되었는지 실감하게 된다.

무엇이 이토록 많은 우리 아이들과 어른들을 죽음으로 몰아가고 있는 것일까? 자살을 시도했던 사람들의 이야기를 들으니 그중 상당수가 그 시도를 했을 당시 자신이 이 세상에서 너무도 쓸모 없게 느껴져 괴로웠다고 했다. 또 앞으로 더 힘들고 어려워질 것이란 생각에서 빠져나올 수 없어 계속 살아가야 할 이유를 찾지 못했다고 했다.

그런데 언제부터 우리는 쓸모가 있어야 존재의 이유가 있다고 생각하게 된 걸까? 어떻게 사람을 쓸모 있는 사람과 쓸모 없는 사람으로 나누는 것을 넘어 그 쓸모라는 것에 생명과 죽음을 가를 만큼의 중요한 의미를 부여하게 된 것일까?

마이 시스터즈 키퍼(My Sister's Keeper)[1]라는 영화가 있다. 이 영화에서는 부모가 첫째 딸의 불치병을 치료할 목적으로 첫째에게 이식 가능한 건

강한 유전형질을 가진 맞춤 아기(Designer Baby)로 둘째 아이를 계획해 낳는다. 둘째는 언니의 병 치료라는 쓸모로 철저하게 디자인되어 태어났기 때문에 어렸을 때부터 백혈구, 골수, 줄기세포까지 끊임없이 언니에게 내어준다. 그러던 어느 날 결국 둘째는 그 상황을 더는 참지 못하고 자신의 고유한 존재 가치와 권리를 주장하며 부모를 고소해 버린다.

이 영화는 사람이 왜 존재하는가? 에서 쓸모라는 것이 강조되면 결국 어떤 일이 벌어질 수 있는지를 보여준다는 점에서 시사하는 바가 크다. 쓸모에 높은 가치를 두는 사람은 스스로 다른 누군가의 쓸모를 정의하거나 쓸모에 맞는 사람을 직접 디자인하려고 시도할 수 있다. 또한 자신보다 약한 사람에게 특정한 쓸모를 강요할 수도 있다.

과학기술의 엄청난 발전으로 이제 이러한 생각과 시도는 영화에서만 일어나는 일이 아니라 현실에서도 가능한 일이 되었다. 이미 맞춤 아기라는 이름으로 특정 질병이 없는 배아를 디자인하는 일이 일어나고 있다. 지금은 이러한 시도가 의료 목적으로 진행되고 있지만 앞으로는 사람들이 자신의 쓸모를 위해 자신의 아이 또는 누군가의 외모, 지능, 성격까지 조작하려 할 수도 있는 일이다.

사람의 쓸모에 대한 이러한 생각들은 결국 우리를 어디까지 나아가게 할까?

제 1장에서는 쓸모에 대한 생각의 기원이 되는 찰스 다윈의 이야기와 그러한 생각이 낳을 수 있는 결과들을 알아보고자 한다. 동시에 인간과 세상을 설명하는 절대 진리요 기원인 성경은 그에 대해 어떻게 이야기하는지 살펴보자.

## 다윈이 들려 준 이야기

# 쓸모 있는 사람만 살아남는다

[종의 기원] [2]

아무리 경미한 변이일지라도 만약 유용하다면 보존이 된다고 하는 이 법칙을 나는 명확히 하기 위해 '자연선택'이라고 부른다.  ___ 제 3장 생존경쟁

나는 이렇게 이로운 변이는 보존되고 해로운 변이는 사라지게 되는 일을 '자연선택' 또는 '최적자 생존'이라고 부른다. (중략) 자연선택은 매일매일 시간마다 전 세계를 통해 가장 미미한 변이를 자세히 조사하면서 나쁜 것은 버리고 좋은 것은 모두 보존하도록 한다. 그러므로 누가 시켜서라기보다는 말없이 아무도 모르는 사이에 각 생물체가 개선될 수 있는 무기적, 또는 유기적 관계를 맺는데 이는 기회가 있으면 언제나 어디서나 실행된다고 생각할 수 있다.  ___ 제 4장 자연선택, 최적자 생존

나는 생명 그 자체의 기원을 다루거나 정신력의 기원을 다루지 않는다. 나는 다만 동일한 강(綱)에 속하는 많은 동물이 갖고 있는 본능의 다양성과 기타 심리적 능력의 차이만을 설명한다.  ___ 제 8장 본능

# [종의 기원]이 등장하다

 1859년, 영국 런던은 한바탕 소란에 휩싸였다. 지난 5년간 비글호를 타고 전 세계를 누비며 온 세상의 신비한 동식물의 이야기를 전해주었던 찰스 다윈이 드디어 항해를 마치고 돌아와 [종의 기원]이란 책을 출판했기 때문이다. 이 책은 이미 유명인사가 되어 있었던 찰스 다윈의 인기에 힘입어 첫날 1,250부가 완판되는 기록을 세웠다.

 그렇다면 [종의 기원]이 이처럼 큰 반향을 일으킨 이유는 무엇이었을까?

 그것은 인류 지성사에서 최초로 '신'의 존재를 배제하고 생명 현상을 가장 설득력 있게 설명할 수 있는 이론을 제공했기 때문일 것이다.

 다윈이 쓴 [종의 기원]은 단순히 생물학의 영역에서뿐만 아니라 19세기 중반부터 오늘날에 이르기까지 거의 모든 학문영역에 새로운 세계관, 즉 새로운 해석의 틀을 제공하는 놀라운 일을 해냈다. 다윈의 책이 나온 이후 심리학, 사회학, 경제학, 심지어 법학에 이르기까지 '진화'라는 틀로 자신의 학문적 이론을 설명해 내려고 하는 학자들이 줄을 섰고, 그들에 의해 이 저서의 내용은 많은 영역에 적극적으로 적용되기 시작했다.

 찰스 다윈이 [종의 기원]에서 제시한 '진화'라는 개념은 생명의 기원과 다양성에 대한 설명으로, 단순히 기독교의 창조론에 대비되는 또 하나의 이론이 아니다. 이것은 새로운 시대의 시작을 여는 거대한 세계관이다.

## 찰스 다윈(1809-1882)은 누구인가?

 찰스 다윈은 원래 과학자와 의사가 많이 배출된 부유한 집안에서 출생

했다. 당시 영국에서 가장 좋은 직업군은 성직자, 법률가, 그리고 의사였다. 다윈도 처음에는 의사가 되려 했으나 적성에 맞지 않았기 때문에 곧 아버지의 또 다른 권유에 따라 성공회 신부가 되기 위해 케임브리지 대학에 입학하였다. 하지만 그의 관심은 어린 시절부터 줄곧 가지고 있던 생물학과 지질학에 집중되어 있었다. 그래서 신학을 공부하면서도 늘 곤충을 채집하러 다니거나 식물을 관찰하면서 시간을 보내기 일쑤였다.

그러던 그에게 일생일대의 기회가 찾아온다.

당시 유럽은 전 세계의 새로운 항로를 개척하거나 미지의 땅을 탐험하면서 그곳을 지배하여 이득을 얻던 시대였다. 다윈이 살던 영국 역시, 빅토리아 여왕 치하에서 막강한 해군력을 자랑하며 '해가 지지 않는 나라'라는 별명을 얻을 정도로 전 세계를 누비고 있었다.

마침 '비글호'라는 탐험선에서 젊은 박물학자 한 사람을 승선시키려고 후보자를 추천받는다고 했다. 당시에는 오랜 항해가 계획되면 선장의 대화 상대가 되기도 하고 보좌 역할을 하게 하려고 종종 젊은 학자를 동반하기도 했다고 한다. 그때 다윈의 스승이었던 존 스티븐슨 헨슬로가 로버트 피츠로이 선장에게 다윈을 추천했다. 처음에는 다윈의 아버지가 많이 반대했다고 전해지는데 그런데도 스승의 설득과 본인의 강한 의지로 그 유명한 다윈의 항해가 시작되었다.

1831년 12월 27일에 시작된 항해는 그로부터 약 5년간 지속되었다. 그 기간 내내 다윈은 배가 닿는 곳이면 내려서 그곳의 동식물 자료를 수집하고 기록했다. 그리고 그렇게 기록한 내용을 스승에게 편지로 보내곤 했는데 스승은 다윈의 편지를 [다윈의 지질학 편지]라는 제목의 소책자로 편집하여 계속 출판해 내었다. 다윈의 소책자는 당시 영국에서 큰 인기를 얻게 되었고, 다윈은 자신도 알지 못하는 사이에 런던의 유명인사가 되었다.

다윈은 자신의 연구가 과학적인 접근이길 원했다. 동식물의 경이로운 생명 현상들을 그저 '신'의 섭리와 공로로 돌리는 것은 뭔가 부족하다는 느낌이 들었던 것 같다. 그래서 이러한 생명현상에도 물리법칙과 같은 자연법칙이 있을 것이라 믿고 그것을 발견해 내려고 애썼다. 그 결과 그는 이 땅 위에 사는 다양한 종류의 동식물들이 어떻게 생겨났는지를 '자연선택'이라는 법칙으로 설명해 내는데 성공했다.

사실 다윈이 유일하게 이러한 생각을 가졌던 것은 아니다. 비슷한 시기에 월래스(Wallace)라는 젊은 과학도 역시 다윈과 유사한 생각을 했다. 그는 평소 존경하던 다윈에게 자신의 연구내용에 관한 편지를 보냈고 다윈의 의견을 얻고자 했다. 하지만 월래스의 편지를 받은 다윈은 매우 당황했다. 월래스의 편지에는 자신이 오랫동안 연구한 내용과 동일한 내용이 담겨 있었기 때문이다. 누가 먼저 논문을 발표하느냐, 누가 이 이론의 주창자가 되는가 하는 것은 과학자들에게는 무척이나 중요한 일이다. 잘못하다간 수 년 간의 연구가 묻힐 판이었다. 그러자 지질학자 찰스 라이엘과 식물학자 조셉 후커는 런던 린네 학회에 다윈과 월래스가 공동 명의로 '자연선택'설을 발표할 수 있도록 도움을 주었다.

'자연선택과 적자생존'을 통해 이 세상에 이토록 다양하고 아름다운 생명체들이 넘쳐나게 되었다는 다윈의 생명 이론은 창조론을 주장해 온 종교계로부터는 엄청난 비난과 조롱을 받았지만, 세상은 환호했다. 17세기 계몽주의 이후 유럽의 지성인들은 신의 존재에서 벗어나기 위해 끊임없이 애를 썼는데, 그들에게 다윈의 이론은 '해방감'을 안겨준 것과 마찬가지였기 때문이다.

[종의 기원]은 총 여섯 번에 걸쳐 개정되었으며, '진화(Evolution)'라는 단어는 제 6판에서 단 한 번 사용되었다. 이는 다윈 스스로 생명이 특정한 목적과 방향성을 가지고 발전된다는 의미의 '진화'라는 단어 보다 '변이를 동반한 유전(Descent with Modification)'이라는 표현을 선호했기 때문이라고 전해진다. 하지만 그가 원했든 원하지 않았든 그의 이론은 이제 '진화론'이란 이름으로 불린다.

이후 다윈이 자신의 이론에 많은 허점이 있고, 더 연구되어야 할 부분이 있다고 인정했음에도 불구하고 사람들은 계속 그의 이론에 열광했다. 다윈의 진화론이 얼마나 과학적으로 치밀하게 증명될 수 있는가, 혹은 진화론에 오류는 없는가 하는 문제는 더 이상 중요하지 않게 되었다. 이 세상은 신이 없이 시작되었고, 신 없이도 너무도 아름답고 풍성하게 진화되었으며, 앞으로도 그러할 것이라는 진화론적 세계관에 모두가 매료당했던 것이다.

## 다윈은 왜 종의 분화에 관심을 갖게 되었을까?

다윈은 어떻게 한 종류의 동물이나 식물이 다른 종으로 변이되거나 분화될 수 있다는 생각을 가지게 되었을까?

다윈이 살았던 1800년대의 유럽은 근대의 길목에 서 있었다. 17세기 계몽주의의 영향으로 인간의 이성에 대한 믿음이 커져 있었고, 과학기술의 발달이 산업혁명을 이끌었으며 그러한 산업혁명의 결과로 유럽은 전 세계에 식민지를 건설할 수 있는 강력한 제국들의 각축장으로 성장하였다.

또한 루이 파스퇴르의 백신 발명과 의학의 발전으로 유럽의 인구는 급격히 증가하게 되었고, 이에 멜더스는 [인구론]이란 책을 통해 기하급수적으로 늘어나는 인구가 장차 큰 문제가 될 것임을 알렸다.

특히 이 시대에는 과학자들의 연구 태도와 목적이 중세시대와는 사뭇 달랐다. 근대 이전의 과학자들은 온 우주와 만물을 창조한 초월적인 존재가 있다고 생각했다. 유럽은 기독교 사회였으니 기독교의 하나님을 창조주로 받아들였다. 이들은 하나님께서 이 모든 세상의 질서와 법칙을 만드셨을 뿐 아니라 이 땅에 사는 모든 생명체도 창조하셨다고 믿었다. 그리고 태초에 천지를 창조하셨던 하나님은 지금 이 시각에도 우주의 운행과 인간의 역사에 관심을 가지고 개입하고 계신다고 믿었다.

물론 어떤 과학자들은 이신론적 태도를 보이기도 했다. 그들은 창조주 하나님께서 우주 만물을 창조하셨지만 일단 하나님께서 만드신 자연의 법칙에 따라 모든 우주와 만물이 제대로 돌아가게 된 이후로는 이 모든 일에서 손을 떼시고 그냥 바라보고 계신다고 생각했다. 온 우주의 창조주가 지구라는 작은 행성에서 사는 인간의 사사로운 개인사나 인류 역사에 개입하실 만큼 한가로운 분은 아닐 것이라고 여겼기 때문이다.

어느 쪽이든 하나님은 존재하며, 하나님은 이 우주와 우주 속, 특히 지구에 사는 우리와 같은 생명체를 위해 질서와 법칙을 만들어 주신 좋은 분이라는 것에는 이견이 없었다. 과학이란 하나님이 감추어 둔 이 신비로운 질서와 법칙을 잘 찾아내어 우리의 삶 속에 적용하는 일이라고 생각했다. 그 과정에서 하나님의 놀라운 능력을 찬미하면서 말이다.

그런데 중세 이후로 기독교는 전쟁, 종교인들의 부패, 그리고 신교와 구교의 갈등으로 점차 사람들의 신뢰를 잃기 시작했다. 더는 종교로부터 삶의 위안을 얻거나 인생의 답을 얻을 수 있으리라는 기대를 하지 않게 된 것이다. 결국 종교는 개인의 신앙이라는 사적인 영역에만 머물러 있고, 그 나머지 영역인 정치, 사회, 문화, 경제, 특히 과학과 같은 공적인 영역은 인간의 합리적인 '이성'에게 맡겨 두라고 말하는 새로운 시대가 된 것이다.

이러한 분위기 속 영국의 상류사회에서는 애완동물을 기르는 취미가 유행했다. 이들은 가장 아름답고, 영리한 애완동물을 갖고 싶어했기 때문에 교배를 통해 새로운 변종을 만들어 내는 것에 관심이 많았다. 이에 육종 전문가의 힘을 빌어 원하는 색깔의 강아지나 특이한 모양의 깃털을 가진 비둘기를 만들어 내기도 했다. 그리고 이렇게 인간이 인위적으로 만들어 낸 동물들의 품평회를 열어 누구의 애완동물이 가장 뛰어나거나 아름다운 것인지 서로 겨루었다.

다윈은 이러한 사회 분위기 속에서 태어나고 자랐다. 이성의 시대, 과학의 시대, 인구폭발의 시대, 그리고 인간이 인위적으로 새로운 형태의 동물들을 만들어 낼 수 있었던 시대에서 말이다. 다윈은 인간이 이성의 힘을 가지고 인위적인 선택을 통해 새로운 형태의 동물을 만들어 낼 수 있다면, 그보다 훨씬 강력한 힘을 가진 자연도 가능하지 않을까? 생각하게 되었다. 또한 그렇게 나타난 새로운 종류의 생명체들이 자연 속에서 긴 시간을 통해 폭발적으로 증가하지 않았을까? 추측했다. 그것이 바로 진화론의 기본 가설이 된 것이다.

## 찰스 다윈의 유산, 진화론적 세계관

전 세계에 단 하나 과학책을 남긴다면 당신은 어떤 책을 남기겠습니까?

이 질문에 적잖은 과학자들이 찰스 다윈의 [종의 기원]을 꼽는다고 한다. 그 이유는 신을 배제하고 인간의 이성으로 자연 속 생명 현상을 '진화'의 개념으로 설명하는 새롭고도 총체적인 세계관을 인류에게 선물했기 때문이라고 한다.

물론 진화론은 완벽하게 증명할 수 있는 이론은 아니다. 진화의 전 과정을 직접 목격한 사람도 없고 현재까지 알려진 진화의 증거들도 제한적이고 고립된 동식물의 변이 현상이나 몇 점의 화석들, 그리고 진화했다고 보이는 특정 기관 등이 있을 뿐이다. 그래서 여전히 생명의 기원과 발전에 관한 논쟁은 뜨겁다.

그런데도 진화론을 접한 과학자들은 다윈이 제시한 '자연선택', '생존경쟁', '적자생존', '누적적 변이', '무목적성' 등의 개념을 토대로 자신들의 이론을 정립해 나갔다. 생명으로부터 물질, 그리고 인간의 정신과 심리에서부터 사회적 현상까지 진화론에서 가져온 개념들을 사용하여 해석하기 시작했다. '신'을 배제해도 이러한 현상들이 설명될 수 있다는 사실은 신에게 억눌려 있던 인간에게 완전히 새로운 관점을 부여했다. 그것이 바로 '진화론적 세계관'이다.

지금 우리는 다윈의 진화론적 세계관에 뿌리를 둔 마르크스주의, 포스트모더니즘, 뉴에이지와 같은 세계관의 영향력 속에 살고 있다. 이 세계관들은 공통적으로 유일신의 존재를 부정하고 인간 중심적이라는 점에서 모두 인본주의 세계관이라 불러도 무방하다.

인본주의 세계관이 무엇인지는 미국 인본주의자 협회(American Humanist Association)의 모토인 'Good Without a God(신이 없어도 좋다)'에서 가장 잘 드러난다. 이는 신이 없어도 인간은 바람직한 방향으로 진화하고 있고,

고전이 알려주는 생각의 기원

앞으로도 잘 해낼 것이라는 자신감의 표현으로 그 자신감의 근원이 바로 다윈으로부터 나온 진화론적 세계관이다.

## 정체를 밝혀라! 진화론적 세계관

지금부터는 다윈의 진화론에서 한 걸음 더 나아가 진화론적 세계관에 대해 알아보려 한다. 그리고 이와 대비되는 성경적 세계관도 함께 살펴볼 것이다.

사실 어떤 세계관의 내용이 무엇이라고 정의하기란 쉽지 않다. 세계관이란 오랜 시간과 문화적 전통 그리고 공동체의 경험 속에서 비로소 형성되기 때문이다. 그러나 논의를 좀 더 분명하게 하기 위해 이 책에서는 다음의 세 가지 질문을 던지고 답하는 것으로 각각의 세계관을 살펴보려고 한다.

### 첫째, 인간은 어떤 존재일까?

진화론적 세계관의 입장에서 인간은 다윈의 진화론을 근간으로 하여 단순한 세포에서 복잡하고 고등한 생명체로 진화된 존재로 본다. 즉 단순한 공통의 조상에서 시작되고 우연한 변이가 점진적으로 누적되어 진화함으로써 이루어진 존재라는 뜻이다. 그러니 오직 살과 뼈와 피 같은 물질로만 구성되어 있다는 점에서 인간과 동물은 별다른 차이가 없는 존재이다.

진화론적 세계관의 또 다른 중요한 관점은 자연주의이다. 이것은 곧 눈에 보이고 만져지는 물질만을 존재하는 것으로 인정함을 뜻한다. 또한 사람들이 살아가고 있는 현재의 시간만 존재한다고 믿는 현세주의도 진화론적 세계관이 견지하는 중요한 관점이다.

진화론적 인간관은 매우 진보적이고 낙관적인 인간관이다. 인간은 점점 더 환경에 잘 적응하여 진화해가는 중이며, 그 끝은 알 수 없지만 분명 더 나은 존재가 될 것을 확신하기 때문이다.

### 둘째, 인간 사회에서 문제의 원인은 무엇일까?

이 질문에 대해 진화론적 세계관은 인간 역시 자연의 일부이므로 생존 경쟁을 해야 하고 자연선택의 결과를 받아들여야 한다는 데에서 그 원인을 찾는다. 그 과정에서 적합하지 않은 종은 소외되고 멸종된다. 인간도 그러한 진화의 과정에서 적응하지 못하면 예외 없이 고통을 당하게 되는 것이다.

또한 인간의 진화에 방해가 되는 여러 가지 요소들 때문에 악과 고통이 발생한다고 주장한다. 특히 자연스러운 인간의 진화를 방해하는 중요한 원인의 하나로 기존 종교와 도덕으로부터의 억압을 지목하고 있다. 왜 그럴까? 종교와 도덕은 연약한 사람들을 보호하라고 말한다. 그 사회에서 경쟁력이 없다고 여겨지는 사람이라 할지라도 그를 포용해야 한다고 말한다. 또한 사회적 진화가 더딜지라도 모두를 끌어안고 가야 한다고 주장한다. 그런데 이런 종교와 도덕이 가하는 압력들이 사회 전체적으로 볼 때 실용성과 효율성을 매우 떨어뜨리는 선택을 하게 만든다는 것이다.

그뿐만 아니라 종교와 도덕은 과학과 기술의 발전에 많은 윤리적인 제약을 가한다. 지금과 미래 세대 인간들을 위해 더 나은 대안을 제시할 수 있을 법한 많은 가능성을 윤리의 이름으로 제한하기 때문에 인간 사회의 진화를 더디게 하는 방해꾼이다.

셋째, 인간 사회의 문제는 어떻게 해결할 수 있을까?

진화론적 세계관은 신이 없는 인간 중심 세계관이다. 그런데 그 인간은 자연선택에 의해 생존할 가치가 있다고 여겨지는 인간들이다. 진화론적 관점에서 보자면 점점 많은 수의 인간들이 유능하고 강해지는 방향으로 발전하여 모든 인간이 더 강하고 효율적이고, 현실 세계에 가장 잘 적응하는 실용적인 인간으로 개조될 것이다. 그리고 그 과정에서 과학이 큰 영향을 미칠 것이라고 믿는다.

그렇게 되면 인간이 부딪히는 모든 현실적인 한계들, 예를 들면 육체적인 고통이든 정신적인 장애이든 지적인 부족함이든 무엇이든 간에 결국 인간이 이룬 과학과 기술의 발전에 힘입어 무지를 극복하면서 모든 문제를 스스로 해결할 수 있다는 것이다.

그래서 이런 진화론적 세계관을 가진 사람들은 교육을 매우 중시한다. 과학적 교육을 통해 인간의 육체와 정신을 개조하면 더 나은 인간으로 진화될 것이고 이렇게 진보되고 고양된 인간이 모인 사회야말로 영화에서 나 볼 수 있었던 첨단과학이 이루어 낸 유토피아가 될 것이기 때문이다.

그런데 과연 그러한가?

## 성경은 무엇이라 말하는가?

13 주께서 내 내장을 지으시며 나의 모태에서 나를 만드셨나이다 14 내가 주께 감사하오음은 나를 지으심이 심히 기묘하심이라 주께서 하시는 일이 기이함을 내 영혼이 잘 아나이다 15 내가 은밀한 데서 지음을 받고 땅의 깊은 곳에서 기이하게 지음을 받은 때에 나의 형체가 주의 앞에 숨겨지지 못하였나이다 16 내 형질

이 이루어지기 전에 주의 눈이 보셨으며 나를 위하여 정한 날이 하루도 되기 전에 주의 책에 다 기록이 되었나이다   17 하나님이여 주의 생각이 내게 어찌 그리 보배로우신지요 그 수가 어찌 그리 많은지요   18 내가 세려고 할지라도 그 수가 모래보다 많도소이다 내가 깰 때에도 여전히 주와 함께 있나이다

| 시편 139:13-18 |

성경적 세계관이란 창조주 하나님께서 인간에게 자신의 뜻을 계시하기 위해 성경을 주셨으며, 성경 말씀을 완전한 진리라고 믿는 사람들이 가지고 있는 세계관이다. 그리고 성경적 세계관은 인간 존재의 본질을 묻는 첫 번째 질문에 대하여 다음과 같이 대답한다.

첫째, 인간이란 창조주 하나님이 목적을 갖고 창조한 존재이다. 하나님의 형상으로 창조된 인간은 단순히 살과 뼈와 피만으로 이루어진 존재가 아니라 영혼을 가진 영적 존재이며 이 땅에서 잠시 살다가 사라지는 존재가 아니라 영원을 꿈꾸는 존재이다.

온 우주를 창조한 지극히 높으신 하나님을 닮은 하나님의 자녀이기에 인간은 누구나 그 존재만으로 존엄하다. 그 사람이 잘생겼거나 못생겼거나, 건강하거나 약하거나, 머리가 좋거나 좋지 않거나 상관이 없다. 그저 그가 하나님의 형상을 닮은 인간이며 그에게는 불멸의 영혼이 있다는 사실 하나만으로도 충분히 넘치도록 특별하고 귀한 존재이다. 게다가 하나님은 사람을 이 땅에 우연히 아무 목적 없이 보내지 않으신다. 각 사람마다 고유한 목적과 의미를 부여하시고 일생 동안 그것을 찾고 성취하게 하신다.

또한 성경적 세계관의 입장에서는 100년도 채 되지 않는 인간의 삶은 너무나 중요한데, 그것은 죽어서 천국에 가느냐 지옥에 가느냐가 이 세상

에서의 삶에 의해 결정된다고 믿기 때문이다. 성경은 언젠가 사람은 모두 자신을 창조한 창조자 앞에 설 것이기 때문에 각자의 삶에 대한 책임을 져야 한다고 말한다.

그뿐만 아니라 당연히 천사와 사탄같이 눈에 보이지 않는 존재와 기적을 믿는다. 이를 우리는 초자연주의라고도 한다. 초자연주의는 지금 당장 눈에 보이고 만져지는 것만이 아니라 그것을 넘어서는 그 어떤 것을 인정한다는 의미에서 초월적이다.

둘째, 성경적 세계관은 인간 사회의 모든 악과 고통의 원인을 인간의 불순종에서 찾고 있다. 그리고 하나님에 대한 불순종과 그로 인한 관계 단절을 '죄'라고 말한다. 창세기 3장에 나오는 아담과 하와의 선악과 사건은 인간 사회에 최초로 악과 고통의 판도라 상자가 열리게 된 이유, 즉 '원죄'가 생기게 된 이유를 설명하고 있다. 태초의 인간 아담과 하와는 하나님의 명령을 어기고, 하나님의 영역을 침범하려다 결국 에덴동산에서 쫓겨나 하나님과의 관계가 훼손된 상태로 살게 된다. 그러자 자연이 함께 저주를 받고, 온 세상의 피조물 가운데 고통이 발생하고, 죽음이 인간의 삶 속에 들어오게 되었다.

성경적 세계관에서는 하나님께서 주신 명령이 결코 인간을 억압하거나 인간에게 고통을 주기 위한 목적으로 부여되었다고 말하지 않는다. 하나님은 인간이 하나님과 화목한 관계 속에서 선하고 의미 있는 삶을 살도록, 그리고 인간 사회 공동체가 아름답게 유지 발전되게 하려고 도덕과 윤리를 주셨다고 말하고 있다.

마치 물리법칙의 하나인 중력의 법칙을 주셔서 물건들이 아무렇게나 둥둥 떠다니며 서로 부딪혀 깨지지 않고, 제자리에 잘 자리를 잡고 있게 하신 것처럼 인간이 가장 인간답게 살도록, 그리고 인간 사회가 가장 질서 있게 유지되게 하려고 도덕법칙인 율법과 계명을 선물로 주신 것이라는 것이다.

성경적 세계관에서는 하나님께서 인간에게 절대적인 도덕을 이미 주셨고, 그것은 인간의 양심과 이성을 통해 누구나 알 수 있다고 말한다. 그리고 인간은 하나님께서 부여하신 자유의지에 따라 그것에 따를지 말지를 결정할 수 있다. 물론 그 선택의 결과로 나타난 악과 고통을 겪어 내야 하지만 말이다. 그러므로 인간 사회의 모든 문제의 핵심은 바로 하나님의 선하심을 신뢰하지 않고 하나님의 말씀에 순종하지 않는 데 있다.

셋째, 인간 사회의 문제해결 방법에 대해 성경적 세계관은 진화론적 세계관과는 달리 인간에게 그리 큰 기대를 걸고 있지 않다. 아니, 인간이 스스로 악이나 고통의 문제를 해결할 수 있을 것이라는 가능성을 아예 남겨놓지 않았다.

성경은 인간이 자기 자신을 구원할 능력이 전혀 없는 존재라고 말한다. 자신의 죄로 야기된 악과 고통의 문제에 대해 스스로 책임질 수 없는 존재라는 것이다. 그리고 성경이 말하는 인간 사회의 악과 고통의 문제의 핵심은 죄이기 때문에 죄의 문제를 해결하지 않고는 궁극적인 구원은 오지 않는다고 선언한다. 또한 그 구원은 오직 하나님의 전적인 은혜로 이 땅 가운데 보내주신 예수 그리스도와 그의 십자가와 부활을 통해서만 얻을 수 있다고 이야기한다.

예수 그리스도를 통해 죄의 문제를 해결 받은 인간은 하나님께서 원래 의도하셨던 창조 질서로 되돌아가도록 노력해야 한다. 하나님의 자녀답게 거룩하게 살아야 하고 세상 사람들과는 구별되게 살아야 한다는 뜻이다. 그리스도인들이 그렇게 살아 보려고 애쓰는 이유는 단지 죽어서 천국에 가기 위한 것만이 아니라 이 땅에서 예수 그리스도께서 시작하신 하나님 나라 운동에 동참하여 그 하나님 나라를 확장해 나간다는 의미이다. 이렇게 될 때 이 세상의 악과 고통의 문제도 해결될 수 있을 것이라 믿는다.

## 현실 속에 나타난 진화론적 세계관의 영향

성경적 세계관과 진화론적 세계관은 인간과 인간 사회에 대한 이해가 근본적으로 다르다. 전자는 인간을 동물과는 다른 영적인 존재, 영원을 사는 존재, 그러나 스스로를 구원할 수 없는 존재라고 본다면 후자는 인간을 자연적 존재, 현세적 존재, 그리고 자신의 능력으로 스스로를 구원할 수 있는 존재라고 생각한다.

그렇다면 진화론적 세계관을 삶에 적용한다는 것은 어떤 의미일까? 그것은 실제로 우리가 가진 삶의 경험과 얼마나 일치하며, 그것이 지향하는 방향은 과연 올바른 것일까? 또한 진화론적 세계관을 가질 때 그 결과는 현실 속에서 어떻게 나타나게 되는 것일까?

사실 이 질문은 비단 진화론적 세계관뿐만 아니라 다른 모든 세계관을 대할 때마다 던져 보아야 할 질문들이다.

먼저 학문의 영역을 살펴보자. 현대의 많은 학문이 진화론적 세계관을 기반으로 하고 있다. 다윈의 진화론은 생물학뿐 아니라 진화 심리학, 진화 사회학, 진화 법학에 이르기까지 거의 대부분의 학문 영역에서 적용하고 있는 방법론이다.

예를 들어 진화 심리학에서는 인간의 정신활동을 뇌가 진화하는 과정에서 발생하는 부산물로 본다. 진화론적 법철학에서는 법이란 절대적 도덕 규범에 기반을 두는 것이 아니라 시대, 관습과 문화라는 사회적 배경에 따라 진화, 발전하는 것이라고 주장한다. 이들 학문은 창조주 하나님의 존재를 부정하고, 모든 것은 물질에 불과하며 이 세상의 모든 것들은 변화하고 발전한다는 것에 중점을 둔다.

한편 역사적으로 진화론적 세계관을 현실에 적용한 가장 극단적인 예는 우생학이었다. 우생학은 다윈의 외사촌이었던 프랜시스 골턴[3]이 다윈의 진화론에 영향을 받아 인간에게 진화론을 적용해 보고자 했던 시도였다.

골턴에 따르면 인간은 자신의 진화에 책임이 있고, 진화의 속도가 너무 더딘 경우 속도를 가속화하기 위한 인위적인 노력이 필요하다. 이에 그는 우생학을 통하여 우수한 유전자를 가진 사람들끼리 결합하게 함으로써 가능한 좋은 유전자를 가진 사람들의 숫자는 늘리고, 열등한 유전자를 가진 사람들의 숫자는 줄여 인류 전체의 행복에 이바지하고자 하였다.

이러한 우생학은 1900년대 초, 미국에 큰 영향을 미쳤다. 미국 최대의 낙태 옹호 단체이자 낙태 시술 기관인 플랜드 페어런트후드(Planned Parenthood)의 창시자인 마가렛 생어[4]가 바로 이 우생학을 기반으로 장애인의 불임시술을 장려하고 낙태를 여성의 권리로 옹호한 사람이다. 그녀의 활동은 당시 테오도르 루즈벨트 대통령의 적극적인 지원도 받았다고 전해진다. 이후 우생학은 백인 우월주의나 반유태주의 등의 이론적 기반으로 악용되기도 했다.

이뿐만 아니라 다윈의 진화론은 강자를 위한 이론으로 활용되기 십상이었다. 다윈 당시, 그리고 그 이후에도 유럽의 강대국들은 자신들의 제국주의적인 야욕을 이론적으로 정당화하기 위해 진화론을 이용했다. 자신들보다 진화되지 못한 인간들이 살고 있는, 문명이 미개한 지역을 정복

하는 것은 인류사회 전체의 진보를 위해 정당한 일이라고 말이다.

진화론적 세계관은 인본주의 세계관, 인간 중심 세계관의 뿌리이다. 그렇다면 이 세계관은 어떤 인간을 중심으로 하는 세계관일까? 생존경쟁에서 가장 잘 살아남도록 선택 받은 인간들만을 중심으로 하는 것은 아닐까? 만일 그렇다면 참으로 큰 일이 아닐 수 없다. 비록 인간이 진화한다고 가정해도 우리는 각자 다른 진화의 속도와 방향과 범위를 가진 개별적이고 고유한 존재이며, 그 인간들은 진화의 속도와 방향과 범위에 대해 똑같은 생각을 공유하고 있지 않기 때문이다. 인간은 결코 전체주의적인 방식으로 훈련되지 않는다.

비단 기독교나 기타 인간에게 영혼이 있다고 믿는 종교가 아니더라도, 세상의 많은 철학자와 현자들은 인간이 단순히 물질로 이루어진 존재라고 생각하지 않았다. 아마도 그것은 자신들이 매일 만나고 대화하고 부대끼는 인간에 대한 경험을 통해 인간이 그리 단순한 존재가 아니라는 것을 직관적으로 알 수 있었기 때문일 것이다.

또한 그들은 물질이 충족되었다고 인간이 자기 삶의 의미를 찾아 낼 수 있고 그것이 행복을 보장한다고 생각하지도 않았다. 그들은 모든 인간에게 영혼이 있고, 이 영혼은 미덕의 함양을 통해서 더욱 고상해지며 아름다워진다고 믿었다. 그리고 그들은 인간의 본성이나 인간 존재의 본질적인 측면은 변하는 것이 아니라고 생각했다. '해 아래는 새 것이 없다'는 전도서 1장 9절 말씀은 아마도 우리 삶을 통해 모두가 경험하고 있는 바이기도 할 것이다.

21세기, 우리가 사는 이 시대는 과학이 인간의 한계를 거의 극복해 줄 것이라 전망된다.

더는 신체적 장애가 문제가 되지 않을 것이고, 언어의 장벽이 의사소통을 막지 못할 것이다. 인공지능이 엄청난 양의 정보를 순식간에 처리해 줄 것이고, 로봇들이 우리가 할 수 없었던 힘들고 어려운 일들을 대신해 줄 것이다.

그런 의미에서 인간과 인간 사회의 능력은 정말 진화했고 진보했다. 하지만 지금 우리는 과거 50년 전, 100년 전 사람들보다 더 현명하고, 더 행복한가?

스마트폰 시대, 모든 사람의 손에 개인용 컴퓨터가 한 대씩 들려 있다. 이제는 서로 부대끼지 않아도 일상적인 업무를 처리할 수 있고, 혼자서도 심심하지 않게 즐길 수 있게 되었다. 진화론적 관점에서 볼 때 인간은 점점 더 개인화되는 방향으로 진화되고 있는 것처럼 보인다. 그런데 왜 우리는 더 강한 사람으로 홀로 우뚝 서게 되지 않고 우울하고 나약한 외톨이가 되어 과거의 끈끈했던 공동체를 그리워하게 되는 것일까?

인간의 진화와 진보에 대해 지극히 낙관적 태도를 보이는 진화론적 세계관에 던져 보아야 할 질문이다.

다시 우리와 우리 아이들의 이슈로
# 자살과 맞춤 아기

쓸모에 대한 사람의 생각은 결코 새로운 것이 아니다. 농경사회에서는 농사를 지을 힘과 아들을 낳을 수 있는 능력으로 사람의 쓸모를 따졌고, 산업혁명 시대에는 자본 소유 정도와 노동력으로 사람의 쓸모를 정했다. 현대 사회는 아이들은 학업성적으로, 어른들은 돈 버는 능력으로 그 쓸모를 가늠하는 듯 보인다.

오늘날 대다수 사람들은 치열한 경쟁 환경 속에서 마주하게 되는 여러 경쟁이 생존 경쟁처럼 느껴지기 때문에 은연중에 '살아남아야만 한다'는 생각을 하게 된다. 그뿐만 아니라 소셜 네트워크 서비스(SNS) 사용률이 부쩍 증가하며 일상 속에서 자랑과 비교가 늘어난 까닭에 '나만 부족하고 뒤처진 걸 아닐까' 하는 생각도 자주 하게 된다.

이러한 생각들로 인해 적지 않은 현대인들이 자신과 다른 사람을 존재 그 자체로 존중하는 것이 어려운 듯하다. 그래서 쓸모를 증명함으로 자신의 존재 이유를 설명하려 하고, 타인에게도 쓸모를 보일 것을 요구하거나 특정한 쓸모를 하라고 강요하기도 한다. 또한 '쓸모가 없으니 삶의 의미도 없다'는 생각과 '어차피 뒤처진 인생, 앞으로도 힘들 것이 분명하다' 는 생각에 사로잡혀 존재를 포기하는 일도 끊임없이 일어나고 있다. 그 가운데 한 인간이 다른 인간의 쓸모를 정의하고 이에 맞춰 그 존재를 좌 지우지하려는 맞춤 아기와 같은 시도도 진행되고 있다.

지금부터 존재 자체를 위협할 정도로 강력한 사람의 쓸모에 대한 생각 과 사람이 사람을 직접 디자인하려는 현상을 세계관의 관점에서 살펴보 자. 동시에 우리 자신의 세계관도 확인해보자. 당신은 '생존경쟁', '적자 생존', '무목적성/우연'이라는 개념 안에서 유용한 사람만 살아야 할 의미 가 있다는 진화론적 세계관을 가지고 있는가, 아니면 각 사람은 하나님의 선한 목적으로 창조되어 누구나 그 존재 자체로 존엄하고 가치 있다는 성 경적 세계관을 가지고 있는가?

## 자살 – 존재를 위협하는 쓸모에 대한 생각

앞서 언급한 두 가지 현대 사회의 모습을 근간으로 자살 문제에 대해 생 각해 보자.

### 생존경쟁처럼 보이는 많은 경쟁 » 살아남아야만 한다는 생각

먼저 취업 경쟁을 살펴보자. 대학생들에게 취업 경쟁은 각자 하고 싶은 일을 찾기 위해 당연히 지나가는 인생의 여정이라기보다 졸업 후 당장 먹 고 살 것이 있느냐 없느냐를 결정짓는 무게로 다가온다. 학자금 대출 이 자와 살인적인 월세를 감당해야 하는 이들에게 취업은 졸업과 동시에 자 기 삶의 질을 결정짓는 문제이기 때문이다. 또한 가족을 부양하는 사람들 에게 자신의 취업 유무는 곧 가족 전체의 생존과 관련된 문제가 된다.

입시 경쟁도 마찬가지다. 상당수 부모가 대학 입시를 아이들이 갈 수 있는 학교를 결정짓는 시험으로만 보지 않고, 이후 직장은 물론 자녀의 평생을 좌우하는 경쟁이라 여긴다. 그래서 아이들에게 끊임없이 그러한 메시지를 전달하며 '입시 경쟁에서 이기기 위한 공부'만을 강요한다. 아이들은 학교 안에서도 치열한 경쟁과 마주하는데 이는 내신 등급 제도로 인해 네가 올라가면 내가 떨어지고 네가 떨어져야 내가 올라가는 경쟁이 학교 안에 꽉 차 있기 때문이다.

이처럼 경쟁이 극심한 사회에서 살아가다 보면 사람들은 자주 '자신의 쓸모를 증명하라'라는 요구를 드러나게 또는 암묵적으로 받게 된다. 그리고 서바이벌처럼 느껴지는 경쟁 상황 속에서 한없이 조급해져 여유나 인내라는 것을 갖기 어렵다. 이러한 현실에서 계속 경쟁에서 밀려나는 사람은 어느 순간 '쓸모도 없는데 살아야 할 이유가 있나?', '계속 이렇게 뒤처지다 보면 결국 암울한 미래만 기다리고 있을 텐데 꼭 힘들게 견디며 살아야 하나?'라는 생각에 빠질 수 있다. 만일 이런 생각에 사로잡혔을 때 그 생각을 멈춰 줄 다른 생각이나 사람이 없다면, 누군가는 극단적인 선택을 하기도 한다.

진화론적 세계관은 인간을 단순한 세포에서 진화된 고등한 생명체로 본다. 인간 개개인은 특정한 목적을 가지고 태어난 존재가 아니라, 자연선택에 의해 우연히 발생한 존재라고 말한다. 또한 치열한 생존경쟁 환경에서 잘 적응하지 못하는 존재는 결국 소멸된다고 하는데, 이때 잘 적응하느냐 그렇지 못하느냐를 가르는 기준이 바로 유용성이다.

이에 진화론적 세계관에 영향을 받은 사람들은 유용성 곧 쓸모에 높은 가치를 둔다. 늘 경쟁에서 이기기 위해 자신의 쓸모를 가꾸고 남에게 인정받을 수 있는 쓸모로 자신을 무장한다. 경쟁에서 한 두 번 낙오되면 영원히 도태될 수 있다고 생각해 승패에 민감하다. 또한 적자(適者)만 살아남아 이룬 사회가 더 진화한 발전된 세상이라고 믿어, 약자의 입장에서 좀처럼 생각하지 않으며 사회적 약자를 돌보는데 소홀하다.

이러한 사람들에게 사회에 잘 적응하지 못하거나 경쟁에서 계속 밀려난 누가 자살을 했다고 하면, 어차피 자연적으로 소멸할 존재에게 언젠가 닥칠 미래가 조금 앞당겨진 것뿐이라고 생각할 수 있다. 그 사람 입장에서 보면 이는 사회가 더욱 진화해 나가는 과정일 뿐이다.

동시에 진화론적 세계관을 가진 사람들은 삶의 목적과 의미를 존재 자체가 아닌 쓸모에서 발견하므로 더 쉽게 자살을 선택할 수 있다. 그리고 선한 섭리가 아닌 우연을 믿는 까닭에 경쟁에서 실패했을 때 반전을 시도하는 힘이 약해 부정적인 미래만 그리다 현재를 더욱 빨리 포기하기도 한다.

성경적 세계관에서 인간은 하나님께서 선한 목적을 가지고 직접 창조한 존재이다. 인간 개개인은 하나님의 형상으로 그 존재만으로 존엄과 가치가 있다. 그러므로 어떠한 경쟁 상황에 놓이더라도 잘 적응하는 사람만 살아남도록 해서는 안 된다. 경쟁은 필연적으로 승자와 패자를 가르겠지만 성경은 모두가 힘없고 약한 자를 돌아보라고 이야기한다. 성경적 세계관은 실용성과 효율성을 근거로 발전된 세상을 꿈꾸지 않고 하나님의 뜻이 이루어지는 하나님 나라에 관심을 가진다.

이에 성경적 세계관을 가진 사람들은 '사람이 자신 또는 다른 사람의 존재 가치나 삶의 의미를 정의할 수 없다'라고 생각한다. 또 각 사람에게는 하나님께서 정하신 선한 계획과 고유한 역할이 있다고 믿는다. 그래서 경쟁 논리로 사람을 대하지 않고 쓸모로 누군가의 가치를 판단하지 않으려 노력한다. 때때로 힘들 때는 지금 보이는 것으로 섣불리 미래를 제한하지 않고 하나님의 가능성을 신뢰하며 인내하려 한다.

나에게 들려주신 이야기 ①
## 우리 각 사람은 자기만의 고유 종목이 있고 길이 있다.

팀 미팅을 마치고 집으로 돌아가는 길이었다. 나는 평소처럼 지하철을 기다리며 서 있었는데 기분이 너무 좋지 않아 도대체 왜 이렇게까지 기분이 엉망이지 하고 스스로 의아해할 정도였다. 그렇게 혼자 생각하다 보니 그것은 바로 경쟁 때문이었다. 나는 우리 팀에 나보다 더 많은 성과를 낸 친구가 있다는 것에 속이 상했고 그 친구가 같은 팀에 있다는 것이 너무 싫었다. 그 친구만 리더에게 칭찬을 받은 것도 기분이 나빴다. 그렇게 씩씩거리다 문득 앞으로 살면서 이런 상황이 많을 것 같은데 그리스도인으로서 하나님 안에서 이런 생각과 마음을 어떻게 다루면 좋을지 알고 싶어졌다. 그래서 하나님의 생각을 물으며 기도했었다.

그때 하나님 아버지께서 주셨던 생각이다. 하나님께서는 먼저 질문을 하셨다. "연임아, 너는 그 친구와 네가 같은 종목에 출전한 선수라고 생각하니?" 처음엔 갑자기 무슨 말씀이시지 했지만 이내 나는 이렇게 대답했다. "네. 저희 둘은 지금 같은 팀에 속해 있고 같은 기준으로 성과를 평가 받으니까 같은 종목을 뛰는 선수나 다름 없죠"라고. 그때 하나님의 대답은 "그렇지 않다"였다.

그리고 이렇게 내 마음속에 말씀해 주셨다. "연임아, 너희 둘은 같은 종목을 뛰는 선수가 아니란다. 그 친구가 육상 선수라면 너는 수영 선수인 거지. 그러니 너는 그렇게 경쟁심에 정신을 못 차릴 이유도, 지금 당장 그 경쟁에서 이기지 못했다고 좌절할 필요도 없단다. 지금 지하철역에 서 있는 사람들의 얼굴을 쭉 한번 둘러보렴. 서로 다 다르게 생겼지? 너와 똑같이 생긴 사람은 단 한 명도 없지? 이렇게 각 사람을 고유하게 창조한 내가 당연히 각 사람을 위한 그 사람만의 길을 각각 디자인하지 않았겠니? 나는 내가 창조한 전 세계 모든 사람에게 다 다른 종목을 선사하는 전능한 창조주 하나님이고, 각 사람의 길을 직접 계획해 선하게 인도하는 유일한 주관자란다."

그 날 이후로 난 꽤 많이 달라졌다. 경쟁 상황을 만날 때마다 그 상황과 그 상황 안에서 만나는 사람들을 다르게 바라볼 수 있게 된 것이다. 함께 일하는 사람들과 치열하게 경쟁하기 보다 각 사람에게 하나님께서 아름답게 계획해 둔 종목이 뭘까 궁금해할 수 있게 되었고, 더 나아가 그 길을 함께 찾으며 응원할 수 있게 되었다. 그리고 경쟁심이 생기려 할 때마다 각 사람에게는 각자의 고유한 종목과 하나님의 계획이 있다는 걸 기억함으로 마음을 지킬 수 있었다.

우리와 우리 아이들이 모든 사람은 우연이 아닌 선한 목적을 가지신 하나님께서 창조하심으로 태어났음을 확실히 믿을 수 있게 되길 소망한다. 또 먼저 믿은 어른들이 아이들에게 생명 하나하나의 고귀함을 말로 표현하고 삶의 행함으로 보여줌으로써 청소년 자살이라는 극단적 상황이 조금이나마 줄어들 수 있으면 좋겠다.

## 비교의 일상화를 가져온 SNS 》 나만 뒤처지고 있다는 생각

지금의 SNS는 유용한 소통의 도구이지만 또한 자신을 과시하는 장소이기도 하다. 요즘 사람들은 스마트폰을 통해 수많은 친구의 자랑을 거의 실시간으로 보고 듣는다. 그래서 자주 의식하지도 못한 채 자신의 현실을 남의 상황과 비교하게 된다. 게다가 SNS는 진짜 친구뿐 아니라 친구의 친구, 모르는 누군가, 전 세계 스타들의 일상까지 보여주며 사람들의 비교군 범위를 넓힌다. 또한 과장 섞인 내용으로 사람들의 비교군 수준도 높인다.

상황이 이렇다 보니 자연스럽게 '나만 부족하고 뒤처지고 있다'라는 생각을 자주 할 수 밖에 없게 된다. SNS는 매시간 최신 트렌드와 잘 나가는 기준을 새롭게 제시하는데 그것을 바로 따라갈 수 있는 사람은 그리 많지 않기 때문이다.

실제로 적잖은 사람들이 다른 사람들의 잘 나가는 포스팅을 볼 때 자신만 너무 가진 것도 이룬 것도 없다는 생각을 한다. 예를 들어 누군가 좋은 집으로 이사한 사진을 보면 자신은 그렇게 좋은 집으로 이사 갈 돈도 능력도 없는 사람이란 생각을 하기도 하고, 친구가 좋은 직장으로 이직한 소식을 보면 친구들 중 자신만 변변치 않은 것 같은 느낌을 받기도 한다.

그래서 생활고나 실업과 같은 실제적인 문제로 힘들어하는 사람이 SNS상에서 많은 시간을 보낸다면, 상대적 박탈감과 자신만 계속 이렇게 뒤처지는 건가 하는 불안감에 시달릴 수 있다. 이때 그러한 마음으로부터 자신을 지킬만한 생각과 마음의 힘이 없다면 단순히 우울해 하는데 그치지 않고 자살과 같은 극단적인 선택을 할 수도 있다.

진화론적 세계관은 세상의 변화에 적응하지 못하는 종은 살아남지 못한다고 말한다. 또 뒤처지는 것은 사라져도 좋은 것이라고 이야기한다. 모두가 변화할 때 함께 따라가지 못하거나 혼자만 다른 모습으로 있는 것을 좋지 않게 여긴다.

이에 진화론적 세계관을 가진 사람들은 변화를 쫓아가며 다른 사람과 자신의 모습에 차이가 있으면 불안해한다. 세상이 어떻게 변화하고 있는지 그리고 다른 사람들이 그 변화의 흐름을 얼마나 잘 따라가고 있는지를 감지하면 그에 보조를 맞추기 위해 전력을 다하며 혹 실패라도 하면 많이 힘들어한다.

성경적 세계관에서는 각 사람의 서로 다른 모습과 역할은 창조주 하나님께서 직접 선한 뜻을 가지고 계획하신 것이라 말한다. 그래서 성경적 세계관을 가진 사람들은 사람들 간에 나타나는 차이를 존중한다. 또한 자신에게는 분명 하나님 나라를 위한 여러 사역을 감당하는데 기여할 수 있는 자신만의 고유한 가치가 있다고 믿는다. 그러므로 자신의 삶이 타인의 삶과 차이가 나고 다르다고 해서 그 삶을 싫어하거나 포기하지 않는다.

또 성경적 세계관에서는 변하지 않는 영원한 가치가 있다고 선언하며 그 가치가 중요하다고 이야기한다. 이에 성경적 세계관을 가진 사람들은 세상의 변화를 읽지만 그 변화를 쫓아가는데 급급하지 않고 그 변화 가운데 하나님께서 말씀하신 영원한 가치를 지키고 추구할 방법을 찾는다.

전도서 7장 14절을 보면 "형통한 날에는 기뻐하고 곤고한 날에는 되돌아보아라 이 두 가지를 하나님이 병행하게 하사 사람이 그의 장래 일을 능히 헤아려 알지 못하게 하셨느니라"라는 말씀이 있다. 이처럼 성경은 하나님께서 각 사람의 인생에 형통의 때도 있게 하시고 곤고의 때도 있게 하신다고 말한다. 따라서 사람이 보는 특정 시점에서의 앞서감이나 뒤처짐은 결코 영속적이지도 절대적이지도 않다. 상황은 언제든 반전될 수 있고 갑자기 역전될 수도 있기 때문이다. 그래서 성경적 세계관을 가진 사람들은 뒤처진 듯 할 때는 인내하며 형통의 때를 기다릴 수 있고 앞서 나가는 듯 할 때는 도리어 겸손할 수 있다.

고전이 알려주는 생각의 기원

## 맞춤 아기 » 누군가의 쓸모를 디자인하고 싶은 유혹

맞춤 아기(Designer Baby)는 사람이 인공적으로 특정한 유전자나 특성을 가진 아이를 얻기 위해 시험관 수정을 한 뒤 선택한 아기를 의미한다. 이는 사람이 생명을 특정한 목적에 맞춰 직접 설계하려는 시도이자 사람의 존재 가치를 사람이 정의하는 일이다.

사람은 유한한 존재다. 사람은 모두 시간과 공간 그리고 자신의 경험 안에서 현재를 해석하고 미래를 설계한다. 여러 부모들과 이야기를 나누다 보면 이것이 얼마나 사실인지 금세 확인할 수 있다. 상당수 부모들이 자녀 교육 방법과 진로를 결정할 때 자신의 성공과 실패의 경험, 그리고 지금 자신이 가장 많이 듣고 있는 말에 크게 영향 받는 것을 보기 때문이다.

예를 들어 학연으로 성공한 부모는 자녀를 좋은 학교에 보내기 위해 노력하고, 좋은 네트워크로 사업에 성공한 부모는 자녀에게 좋은 관계를 만들어주는 데 여념이 없다. 또 미래에는 어떤 사람이 성공할 거란 이야기를 들은 부모는 자신의 자녀가 바로 그런 사람이 되게 하는데 투자를 아끼지 않는다. 물론 이러한 접근이 완전히 틀렸다고 말할 수는 없다. 하지만 오늘날처럼 하루가 멀다고 한 번도 경험해 본 적이 없는 일들이 벌어지는 시대에 그러한 접근이 완전히 맞다고도 말하기 어렵다.

우생학을 파생시킨 진화론적 세계관에서는 계속해서 사람이 다른 사람을 설계할 수 있다고 이야기하며 이를 시도한다. 진화론적 세계관을 지지하는 사람들은 그러한 설계가 유용한 즉 쓸모 있는 특성들만의 결합으로 이루어지기만 한다면 사회는 분명 더욱 발전할 것이라 믿는다. 이렇게 되면 약자는 지속적으로 배제되고 어떤 사람은 아예 세상에 태어나지도 못하게 될 수 있음에도 불구하고 이는 모두의 발전을 위한 것이기에 괜찮다고 이야기한다. 그래서 맞춤 아기 역시 아주 실용적이며 합리적인 시도라 여긴다.

그 같은 시도를 하는 대부분의 사람은 자신은 강자, 우성, 유용한 존재라 확신한다. 미래의 어느 순간에는 자신이 약자들과 같은 일을 당하는 입장이 될 수 있음에도 불구하고 그런 생각은 전혀 하지 않는다. 내일 일을 알지 못하는 인간의 한계가 여실히 드러나는 지점이다.

성경적 세계관에서는 유한한 사람으로서는 상상조차 할 수 없는 창조주 하나님의 무한한 가능성을 신뢰한다. 그런 의미에서 성경적 세계관은 기적을 믿는다. 여기서 기적은 사람이 계산한 확률 정도는 가뿐히 넘어서는 무엇을 말한다. 홍해가 갈라져 마른 땅이 된 것, 빵 다섯 개와 물고기 두 마리로 오 천 명이 넘는 사람을 먹이신 것과 같은 기적 말이다.

또한 사람은 미래를 알지 못하는 존재라고 이야기한다. 야고보서 4장 14절 "내일 일을 너희가 알지 못하는도다 너희 생명이 무엇이냐 너희는 잠깐 보이다가 없어지는 안개니라"라는 말씀처럼 사람은 자신의 앞날도 타인의 미래도 전혀 알지 못한다.

그래서 성경적 세계관을 가진 사람들은 사람이 산출한 확률을 근거로 어떤 모습으로 태어나는 것이 앞으로 더 좋을 것이라 판단한 뒤, 사람이 직접 태어날 생명의 유전적 특성을 선택하는 맞춤 아기와 같은 시도를 지지하지 않는다. 또한 태어난 시점에 보여지는 것만으로 앞으로의 인생에 펼쳐질 시나리오와 선택지를 판단하겠다는 것은 유한한 사람의 시야로 하나님의 무한한 능력을 제한하는 것에 지나지 않는다고 여긴다.

이사야 55장 9절 "이는 하늘이 땅보다 높음 같이 내 길은 너희의 길보다 높으며 내 생각은 너희의 생각보다 높음이니라"라는 말씀처럼, 하나님의 생각은 사람들의 생각보다 땅에서 하늘만큼이나 높기 때문이다.

나에게 들려주신 이야기 ②
## 확률이냐? 진리냐?

예전에 진로로 심하게 고민할 때 있었던 일이다. 내게는 최종적으로 두 가지 선택지가 남아 있었다. 첫 번째 선택지는 내 전공 분야에서 제일 존경하는 교수님께서 그 일의 고용 안정성과 장래성을 확신하시며 추천해주신 일이었고, 두 번째 선택지는 개인적으로 기도했을 때 하나님께서 했으면 좋겠다고 말씀하신 일이었지만 확실해 보이는 것은 아무것도 없는 일이었다.

솔직히 그때 나는 두 번째 선택지로 이미 응답을 받았다. 하지만 교수님께서 첫 번째 일의 안정성과 장래성을 자신이 경험한 여러 사례를 근거로 설득력 있게 설명하셨기 때문에 좀처럼 결정을 내리지 못하고 있었다. 게다가 그 당시 내가 접한 모든 미디어의 내용 역시 교수님의 의견을 지지하고 있었다.

그렇게 한참을 미적거리며 갈팡질팡 하고 있을 때 하나님께서 주셨던 생각이다. "연임아, 너 수학 좋아하니까 내가 오늘은 수학 문제 하나를 내보려고 하는데 괜찮겠지? 네가 지금 계속 끌리고 있는 그 첫 번째 선택지에서 주장하는 그 안정성과 장래성이 미래에 진짜로 보장될 확률을 정확히 숫자로 표현하면 얼마가 될 것 같니? 최대치로 한번 이야기해 보렴."

나는 잠시 머리를 굴리다 대답했다. "최대로 잡으면 한 60~70% 정도 될 거 같아요. 사실 지금은 너무 불확실성이 높은 시대니까요. 특히 어떤 직업이 언제 무슨 기술로 대체될지 감을 잡을 수도 없고요."

나의 대답을 듣고 하나님 아버지께서는 다시 말씀하셨다. "그렇다면 성경에서 내가 일어날 것이라 한 일이 진짜 일어난 확률은 얼마인 것 같니? 진리가 갖는 확률을 대답해 보렴." 나는 잠깐 아무 말도 하지 못했다. 그리고 작은 소리로 대답했다. "100%요. 진리는 진리니까. 진리는 하나님 말씀이니까 100%요."

마지막으로 하나님께서 하신 말씀은 이것이었다. "연임아, 이제 진로 선택은 너의 결정이다. 하지만 내가 너에게 꼭 가르쳐주고 싶은 한 가지는 너의 선택은 언제나 확률의 유혹이 아닌 진리에 기반을 둬야 한다는 것이다. 그것이 바로 나를 믿는 것이다." 이 말씀을 듣고 나는 평소의 나라면 생각하지도 못했을 시도를 할 수 있었다.

결국 어느 쪽을 선택했을까? 두 번째다. 하지만 여기서 두 번째를 선택한 결과가 더 좋았다 나빴다를 말하고 싶은 것은 아니다. 사실 첫 번째 진로를 선택한 인생은 살아 보지 않았으니 둘 중에 뭐가 더 좋았다고 말할 수도 없다.

이 이야기를 나눈 이유는 우리와 우리 아이들이 다른 사람과 미디어가 말하는 확률에 마음과 생각을 빼앗겨 의사결정 하기보다는 성경 말씀의 테두리 안에서 자유롭고 자신 있게 다양하고 새로운 것을 시도하기 바라서이다. 이러한 습관은 하나님의 인도하심을 더욱 자주 경험하게 하기 때문이다. 또 하나, 성경을 읽고 하나님 말씀을 100% 완전한 진리로 믿으며 살아가는 것이 어떤 것인가를 이야기하고 싶었다.

나에게 들려주신 이야기 ③
## 내가 만든 선택지에 갇히시면 그분이 하나님인가?

어떤 일을 하면 좋을까 고민하던 중이었다. 나는 내가 할 수 있을 것 같은 일 4개를 선택지로 마련해 놓고 하나님께 그중 어떤 일을 하는 것이 하나님의 뜻인지 묻고 있었다. 그중에는 정말 하고 싶지 않은 일도 포함되어 있었다.

그때 하나님께서 주셨던 생각이다.

"연임아, 이번에는 네가 원하는 거 아무거나 하렴. 네가 나한테 묻는 마음을 보니, 내가 그 4개 중 무엇인가를 말하면 그것이 네가 정말 하기 싫은 일이더라도 그대로 하려는 마음이구나, 그런 중심이라면 뭐라도 하렴. 2번이 내 뜻인데 네가 1번을 선택했다고 해서, 2번을 통해서 하려고 했던 내 뜻을 이루지 못하면 내가 하나님이겠니? 그리고 솔직히 내가 너와 함께 하려고 계획한 일들이 네가 제시한 그 4개 선택지 안에 다 담기겠니?"

나는 나름대로 최대로 아이디어를 짜내 그 4가지 선택지를 만들었었는데. 듣고 곱씹을수록 하나님 아버지의 말씀이 너무나 맞다.

하나님은 사람이 생각할 수 있는 시나리오나 선택지에 갇히시는 분이 아니다. 그러니 지금 자신의 눈에 보이는 가능성만으로 자신이나 다른 누군가의 앞으로를 함부로 판단하지 않기를 바란다.

창조주 하나님은 겨우 사람이 생각해서 만들어 낸 미래에 제한받는 분이 아니시다.

# 너의 본능을
# 억제하지 마라

## 지그문트 프로이트의 [꿈의 해석]

# ORIGIN OF THOUGHTS

대학생 친구들이 먹방 영상을 너무 재미있게 보고 있길래 "뭐가 그렇게 재미있어요?"라고 물었다. 한 친구가 자신은 맘껏 못 먹는 스트레스를 풀려고 다이어트를 하면서 보기 시작했는데, 먹방 영상들을 계속 보다 보면 묘한 재미가 있어 지금도 일주일에 서너 개 정도는 꼭 챙겨본다고 했다. 같이 있던 다른 친구들 역시 구독하는 먹방 채널이 하나씩은 있다고 했다. 친구들의 이야기를 듣다 보니 SNS 영상 추천에 왜 먹방 영상이 항상 올라오는지 이유를 알 것 같았다. 먹방은 말 그대로 요즘 최고 인기 콘텐츠 중 하나였다.

SNS에서 먹방과 함께 꼭 빠지지 않고 추천되는 인기 영상이 하나 더 있다. 그건 하울(Haul)이나 플렉스(Flex) 영상으로 채널 운영자가 주로 명품과 같이 비싼 물건을 구매한 뒤 자세히 보여주면서 자랑 같은 리뷰를 해준다. 일전에 청소년들의 명품소비 열풍과 플렉스 열풍 간의 연결고리를 다룬 기사를 읽은 적이 있다. 하울이나 플렉스 영상이 SNS를 많이 이용하는 청소년들의 명품 구매욕과 소유욕을 자극하는 동시에, 명품을 소비하지 않는 친구들에게도 명품에 대한 해박한 지식을 갖게 해 자랑할 맛이 나게 해준다고 했다. 이 두 가지가 시너지를 일으켜 청소년 명품 소비가 많이 증가하고 있다는 점을 시사하는 내용이었다.

그리고 엄마들에게 들으니 아이들이 자주 이용하는 유튜브나 페이스북에 선정적인 콘텐츠가 종종 자동 추천되어 뜬다고 한다. 이때 아이들이 호기심에 해당 영상을 한 번이라도 클릭하면 그 이후로 유사한 영상 추천은 계속 이어진다. 어른들도 예외는 아닐 것이다. 이 시대에 성적인 욕구를 자극하는 콘텐츠는 너무나 손쉽게 접근할 수 있는 곳에 있으며 수도 없이 많이 퍼져 있다.

하지만 이것보다 더 주목해서 보아야 할 현상은 우리 사회가 이전보다 결혼 이외의 관계를 통해 성적인 욕구를 채우는 것에 대해 엄청나게 관대해졌다는 것이다. 많은 미디어가 성(性)적 영역에서 개방적이 되는 것을 문화가 선진화되는 하나의 과정으로 표현하고 있으며, 꽤 많은 사람이 성적 개방성이 자신을 어떤 억압된 상태로부터 해방하여 자유를 누리게 해주기 때문에 긍정적인 것이라 생각하고 있다.

이처럼 현대 우리와 우리 아이들이 소비하는 대부분의 인기 콘텐츠들은 사람의 본능을 자극한다. 물론 미디어는 원래 사람들의 욕구를 자극하고 대리만족을 주는 속성을 가지고 있다. 하지만 지금처럼 초등학생과 청소년은 물론 청장년까지 전 세대가 식욕, 소유욕, 성욕 등과 같은 일차원적 욕구를 자극하는 콘텐츠를 이토록 적극적이며 공개적으로 소비하는 시대가 또 있었던가 싶다.

그렇다면 언제부터 인간의 본능에 대한 사람들의 관심이 이렇게 높아지기 시작한 걸까? 그리고 한때는 본능을 절제하는 것이 미덕이던 시대도 있었는데, 어떤 계기로 '본능은 가능한 충족 되어야 좋은 것'이라는 인식이 자리 잡기 시작한 걸까?

또 하나, 지금 이 시대 적잖은 사람들이 "어린 시절에 안 좋은 경험을 가진 사람들은 커서도 문제를 일으키거나 불행하다"라는 견해를 절대적인 사실로 받아들인 듯 보인다. 학교나 직장에서 자주 갈등을 일으키는 사람을 보거나 뉴스에서 범죄를 일으킨 사람을 볼 때, 분명 그 사람은 과거에 뭔가 문제가 있었을 것이라고 쉽게 단정 짓는 모습을 주위에서 자주

　　　　　　　　　　　　　　　　　고전이 알려주는 생각의 기원

볼 수 있기 때문이다.

그런데 정말 사람은 과거 경험의 영향력에서 벗어날 수 없는 존재일까?

제 2장에서는 인간의 무의식과 본성, 과거 경험의 영향력에 대한 생각의 기원이 되는 프로이트의 이야기와 그러한 생각이 가져올 수 있는 결과들을 알아보자. 동시에 인간과 세상을 설명하는 절대 진리요 기원인 성경은 그에 대해 어떻게 이야기하는지 살펴보자.

프로이트가 들려 준 이야기

# 너의 본능을 억제하지 마라

[꿈의 해석][5]

꿈을 왜곡하는 현상과 검열하는 현상을 통해 인간에게는 두 가지 심리적 경향이 있음을 추정할 수 있다. 이 중 하나는 소망 충족으로서의 꿈을 지향하는 반면, 다른 하나는 그 꿈을 검열하고 급기야 표현을 왜곡하도록 강요한다. 검열을 수행하는 이 두 번째 심리적 경향이 허락하지 않는 한 첫 번째 심리적 경향의 어떤 것도 의식에 떠오를 수 없다.
___제 2장 꿈은 왜곡돼 나타난다

무의식 차원의 충동들 또한 어디선가 저지당할 것을 확신하고 있기 때문에 별다른 심리적 저지를 받지 않는다. 어쨌든 거만하게 서 있는 우리 미덕의 토대를 파헤쳐 깊이 알게 된다는 것은 바람직한 일이다. 종잡을 수 없을 만큼 복잡한 인간의 성격을 우리의 낡은 도덕률이 원하는 대로, 이것 아니면 저것이라는 식으로 해결하기란 불가능하다.
___제 7장 꿈 과정의 심리학

고전이 알려주는 생각의 기원

# [꿈의 해석]이 등장하다

"앞으로 우리가 인간의 마음이라는 미로를 탐사할 때는 언제든지 그의 지성의 빛이 앞길을 비추어 줄 것입니다." 이 예언적인 말은 작가 슈테판 츠바이크가 1939년 지그문트 프로이트의 장례식에서 한 연설이다.[6]

그의 예언처럼 지그문트 프로이트는 사망한 지 50년이 훨씬 더 넘은 1993년 3월, 알버트 아인슈타인과 함께 20세기 가장 위대한 과학 정신을 가진 사람 중 하나로 선정되어 [타임]지의 표지를 장식했다.

왜 그럴까?

프로이트는 지금껏 인간이 관심을 가졌던 정신세계의 범위를 의식에서 무의식으로까지 확장함으로써 인간 이해의 새로운 지평을 연 사람이다. 그는 인간의 정신을 의식과 무의식으로 구분하고 우리가 깨어 있는 시간 동안 활동하는 의식적인 정신 작용도 중요하지만, 그것은 어쩌면 빙산의 일각에 불과하다고 하였다. 그리고 의식의 해수면 아래로 깊고도 넓게 분포하고 있는 무의식의 세계야말로 진정한 인간의 모습일지도 모른다는 사실을 일깨워 주었다.

특히 인간의 꿈은 무의식의 세계를 들여다볼 수 있는 가장 손쉬운 통로일 것이라는 가정 아래, 꿈을 '인간의 의미 있는 정신활동의 하나'로 여기고 탐구하기 시작하였다. 지금까지 미래에 대한 신의 계시로 여겨지거나 미혹이나 파멸로 이끄는 공허하고 헛된 것으로 생각하거나, 그저 아무런 의미도 없는 망상으로만 치부되던 꿈이 비로소 해석의 여지가 있는 과학적 탐구 대상으로 그 지위가 격상된 것이다.

프로이트는 꿈에 대한 자신의 이론이 한낱 점쟁이의 '해몽'이 아니라

'과학'으로 인정받기를 원했다. 그러기 위해 다양한 사례들을 분석하고 그 가운데서 일정한 법칙이나 원리 그리고 객관적인 설명을 찾아내려고 애썼다. 특히 환자들과 자유로운 대화를 통해 환자가 꾼 꿈의 내용을 듣고 그 내용이 의미하는 바를 환자의 개인적인 경험에 따라 해석하면서 심리학의 기초 개념들을 하나 하나 만들어 나가게 된다. 그 결과, 오늘날 현대 심리학이나 정신분석학에서 사용되고 있는 많은 전문적인 용어들과 개념들은 프로이트가 처음 만들어 내거나 정립한 것들이 많다. 그가 정신분석학의 아버지로 추앙받는 이유이다.

정신분석학자이자 의사로서 프로이트는 꿈의 해석을 다양한 신경증 치료의 한 방편으로 사용하였다. 그는 환자의 꿈을 해석하면서 그 속에 나타난 정신적 스트레스의 원인을 해소해 나갔다. 특히 꿈의 작용에 대한 일반 원리나 법칙이 존재한다면, 그것은 모든 사람들에게 보편적으로 적용 가능한 과학적 법칙임에 틀림없을 것이라는 생각으로, 환자들의 꿈과 자신의 꿈 모두를 연구의 대상으로 삼았다. [꿈의 해석]에 프로이트 자신의 꿈 내용이 많이 등장하는 이유이다.

[꿈의 해석]에 의하면 꿈은 소망의 충족이다. 인간은 누구나 원하는 것이 있다. 그것을 소원, 소망, 욕망 등의 말로 표현한다. 현실에서 성취되지 못한 소망, 욕구들은 의식이 깨어 있을 때는 스스로 인식하지도 못하는 깊은 내면 무의식의 세계 속에 숨겨진 채로 또는 묻혀 있는 상태로 억눌려 있다가 의식의 힘이 약화되는 시간, 즉 잠을 자는 동안 비로소 그 모습을 드러낸다. 때로는 왜곡되거나 압축되기도 하고 때로는 뒤틀린 모습으로 나타나기도 한다. 심지어 의식이 감당하기 부담스러운 소망들로 이루어진 꿈의 내용은 의도적으로 망각되기도 한다. 그러고 보면 우리의 무의식은 우리가 정상적인 일상생활을 할 수 있도록 잠자는 사이에도 많은

일들을 하고 있고, 그 결과는 꿈으로 나타나거나 실제 행동에까지 영향을 미칠 수 있다는 것이다.

이러한 프로이트의 이론들은 후대 학자들에 의해 수정, 보완되기도 했고, 인간의 무의식 세계 차원에서 '성적 본능과 욕구'에 지나치게 집착한다는 비판을 받기도 했지만, 그럼에도 불구하고 인간의 정신활동과 그로 인해 나타나는 인간의 행동 양식을 이해할 수 있는 새로운 해석의 틀, 즉 세계관을 제공했다는 점에서 실로 큰 의미가 있다.

[꿈의 해석]은 1899년, 라이프치히와 빈에서 동시 출간되었다. 이 책은 오늘날 고전으로 널리 인정받고 있지만 첫 10년 동안 800부도 팔리지 않는 그야말로 당시 흥행에는 완전히 실패한 책이었다. 그러나 다윈의 진화론이 인간 사회의 거의 모든 영역을 변화시켰듯이 인간 정신에 대한 프로이트의 이론들 역시 문학, 사회학, 의학, 역사학, 교육학, 법학 등에 널리 적용되면서 우리는 20세기를 프로이트의 세기라고 부르게 되었다.

## 지그문트 프로이트(1856-1939)는 누구인가?

오스트리아에서 태어난 지그문트 프로이트는 원래 법대를 가려고 했으나, 다윈의 [종의 기원]과 괴테의 [자연]이라는 책을 읽고 의대로 진학하기로 했다고 전해진다. 아마도 다윈의 자연주의적이고 진화론적 세계관과 그의 치밀하고도 성실한 과학적 연구 태도에 큰 감명을 받은 듯하다.

빈 대학 의학부에 입학한 프로이트는 브뤼케라는 스승을 만나 많은 영향을 받지만, 경제적인 이유로 계속 스승의 실험실에서 연구하지 못하고 1886년부터 개인병원을 개업하여 신경질환 환자들을 치료하기 시작했다.

학문적 연구성과가 탁월했던 프로이트는 의학계에서 점차 지위와 명성을 쌓아가던 중 마약성 성분인 코카인을 마취제로 사용할 수 있는 방법을 찾아내기도 했다. 그는 이 연구로 노벨상까지 바라볼 수 있을 것이라 희망했지만, 코카인을 마취제로 사용해 보도록 권유했던 친구가 어이없게도 코카인 중독에 빠져 사망하는 사건이 발생하자 이 분야에 관한 연구를 접어버리고 만다. 이 사건은 [꿈의 해석]에서 자신의 여러 꿈 가운데 하나로 소개되기도 하였다.

지칠 줄 모르는 열정으로 수많은 논문과 에세이를 발표하면서 정신분석학 이론의 틀을 세워가던 중, 1908년 오스트리아의 잘츠부르크에서 제1회 국제정신분석학회가 개최되었고 이 무렵부터 프로이트는 세계적인 명사가 된다.

특히 프로이트와 또 다른 위대한 정신분석학자인 칼 융의 만남은 매우 유명하다. 19살의 나이 차이에도 불구하고 두 사람은 만나자마자 열 시간 넘게 토론하면서 학문적 우정을 다졌다. 그러나 이후 프로이트의 이론은 지나치게 성(性)을 강조하고 있다는 이유로 학자들 사이에서 서서히 반발을 사게 되었고, 개인의 무의식보다 집단 무의식에 관심이 많았던 칼 융 역시 프로이트와의 학문적 결별을 선언하게 되었다고 한다.

프로이트는 일평생 반유태주의에 시달리며 가슴 속에 분노를 안고 살아갔다. 그가 의대에 있을 때부터도 자신의 능력에 합당한 기회를 얻지 못할 때마다 자신이 유태인이기 때문에 불이익을 당한다고 생각했다. 그러던 중 1938년, 오스트리아에서조차 나치 독일의 반유태주의 감정이 들끓기 시작하자 가족들과 '자유롭게 죽기 위하여' 런던으로 망명한다. 그리고 1939년 의사이자 친구였던 막스 슈어의 도움으로 83세에 안락사로

생을 마감했다.

그가 안락사를 선택한 날 읽었던 마지막 책은 발자크의 [파멸의 가죽]이라는 소설이었다. 그 소설의 주인공인 라파엘은 과학자로서, 사람들로부터 별다른 인정도 받지 못했고 성공도 하지 못한 탓에 우울증에 빠져 자살을 생각하던 사람이었다. 라파엘은 악마와 계약을 맺고 나귀 가죽으로 된 옷을 입게 되는데 그가 무언가를 소원할 때마다 가죽옷이 줄어들면서 서서히 숨이 막혀 죽어간다.[7] 이는 프로이트가 사랑했던 괴테의 작품 [파우스트]의 주인공이 악마에게 영혼을 팔아 넘기고 결국 파멸에 이르게 되는 것과 유사한 이야기이다. 죽음을 앞두고 이 소설을 읽으며 프로이트는 어떤 생각을 했을지 궁금하다.

프로이트는 많은 논문에서 절대자의 존재를 부정했다. 종교라는 것은 어린아이가 자신을 보호해 줄 아버지를 찾는 것처럼 성인이 된 사람들이 아버지의 대체적 존재로서 하나님을 찾는 것일 뿐이라고 비하하였다. 그러나 개인적인 편지에서는 '하나님이 원하시면', '하나님의 은혜로' 등의 표현을 즐겨 썼다고 전해진다. 어쩌면 그는 절대자의 존재를 부정했지만 동시에 그 공허감으로 늘 불안했던 사람이었는지 모른다. 어린 시절 사랑하는 어머니와 동생을 잃은 아픔을 겪었고, 아버지와의 관계도 좋지 못했던 프로이트가 자신의 아버지에게서 느꼈던 양가감정(사랑과 증오를 동시에 가지는 아이러니 감정)을 일평생 하늘 아버지인 하나님께 투사했던 것은 아니었을까?

철저히 자신의 인생 철학인 무신론과 자연주의, 현세주의, 과학주의에 충실한 삶을 살았고, 또 안락사를 선택함으로써 자신의 믿음에 투철한 죽음을 맞이한 프로이트. 그에 대하여 우리 역시 존경과 거부감을 동시에 가지는 일종의 양가감정을 느끼게 되는 것은 어쩔 수 없는 일인 듯하다.

## 프로이트는 왜 무의식의 세계에
## 관심을 가지게 되었을까?

인간의 이성에 대한 믿음을 선언한 대표적인 철학자는 데카르트였다. 그의 유명한 명제 '나는 생각한다. 고로 나는 존재한다(Cogito, Ergo Sum).'라는 선언은 철학자로서 '생각하고 있는 나 자신' 이외에는 모든 것을 의심함으로 철학함을 시작해야 한다는 의미이다. 이것은 인간이 이성적으로 생각할 수 있는 존재라는 그 사실만이 진리를 탐구할 수 있는 참된 기초가 된다는 것이다.

이성에 대한 이러한 찬가는 혁명적인 과학과 기술의 발전으로 인간의 한계를 하나하나 극복해 가던 19세기 프로이트가 살아가던 그 시절에 인류의 미래에 대한 장밋빛 전망을 비추어 주었다. 더군다나 찰스 다윈의 진화론의 영향으로 '신의 도움이 없이도 인간 사회를 얼마든지 해석할 수 있는 방법론'을 가지게 되었으니 인간의 이성 앞에 무엇이 거칠 것이 있었겠는가?

바로 그때, 유럽 전역을 폐허로 만든 1, 2차 세계대전은 이토록 확신에 차 있던 인간의 이성에 대해 심각한 회의를 던져 주었다. 과연 인간의 이성은 데카르트가 말했듯이 모든 것이 의심스러운 상황에서도 유일하게 믿을 만한 것인가? 그리고 이성이 믿을 만하다고 해도 인간은 이성이 판단해 준 대로 행동하는 존재인가? 그렇다면 왜 인간은 이런 광기 어린 전쟁을 계속 일으키는가?

전쟁을 겪은 프로이트는 모순투성이인 인간의 현실을 보면서 어쩌면 인간의 정신세계가 이성으로만 가득 차 있지 않고, 그 배후에 우리가 알 수 없는 그 무엇인가가 더 있을지도 모른다고 생각했던 것 같다. 특히 나

고전이 알려주는 생각의 기원

치의 유태인 박해가 심해지면서 단지 유태인이란 이유로 자신의 연구 논문들이 폐기되고, 자신과 가족들이 망명길에 오를 수 밖에 없었을 때 프로이트가 이런 비이성적이고 비합리적인 일에 대해 얼마나 큰 분노와 좌절을 느꼈을지 상상해 볼 수 있을 것이다.

이에 프로이트는 한 차원 더 깊은 수준에서 인간을 이해하고 인간 행동에 대한 해답을 구해보고자 했고, 그것이 꿈이라는 통로를 통해 걸어 들어가 본 무의식의 세계였던 것이다.

이제 프로이트의 이론에 대해 조금 더 깊이 들여다보자.

초기의 프로이트는 [꿈의 해석]을 통해 인간의 정신 체계를 크게 의식, 전의식, 무의식의 모델로 나누어 설명했다. 바다 위로 작고 뾰족하게 솟은 빙산의 일각에 불과한 의식과 해수면 아래 깊고도 넓게 분포하고 있는 빙산의 몸통인 무의식, 그리고 그 경계선에 전의식이 있다고 말이다.

그러나 1920년 이후에는 인간이란 세 얼굴을 가진 존재라고 설명하였다. 원초적 본능을 추구하려는 원초아(Id 이드), 합리적이고 이성적인 판단을 내릴 수 있는 자아(Ego 에고), 그리고 도덕적이고 이타적인 성향을 추구하는 초자아(Super 수퍼 에고)이다.

이드 내에 잠재된 성적인 에너지를 리비도(Libido)라고 부르는데, 이것은 성적인 욕망을 충족시키고자 할 때 발생하는 에너지를 말한다. 그러나 좀 더 넓은 의미에서 인간이 가지는 원초적인 생명력을 뜻한다고 이해하는 편이 더 합당하다.

프로이트는 인간이란 의식의 세계에서 보이는 자아나 초자아와 같은 합리적이고 이성적이며, 심지어 이타적이기까지 한 얼굴을 가진 존재라기보다는 무의식의 세계에서 활동하면서 원초적 본능을 추구하는 이드의 얼굴을 가진 존재, 오직 먹고 자고 생식하는 본능에 따라 살아가는 동물에 더 가까운 존재라고 생각했다.

특히 프로이트는 이드가 가진 본능적인 성적 욕구를 지속해서 충족시키면 인간이 행복해질 수 있다고 말했다. 그러기 위해서 초자아에 닻을 내리고 있는 종교, 도덕, 권위 등을 해체 시킴으로써 이드를 편안하게 만들어 주고, 이드가 아무런 양심의 가책이나 죄책감 없이 성적인 본능을 충족시킬 수 있게 해 주어야 한다고 했다. 사실 이 부분은 많은 사람들의 오해를 불러일으켰고 비판을 받았던 부분이기도 하다.

그러나 원래 프로이트가 사용한 '성'이란 단어는 단순히 성인 남녀 간의 육체적인 성관계가 아니라 사람들이 유아기부터 갖는 애정의 감정과 충동 및 스킨십 등을 포함하는 모든 형태의 사랑을 의미하는 것이었다고 한다. 또한 프로이트는 현실 속에서 음란하거나 방종한 행동을 마음껏 실행하면서 이드가 가진 성적 욕구를 충족시킴으로써 만족감을 얻기 보다는 정신분석과 상담을 통해 억눌린 마음의 상태와 스트레스를 해소하여 만족감을 느끼는 것이 더 바람직하다고 하였다.

그런데 프로이트의 이론을 추종하고 있는 현대인들은 프로이트의 생각과는 달리, 그저 현실 속에서 성적 본능에 충실하게 행동하는 것을 '좋은 것' 또는 '바람직한 것'이라고 생각하고, 성적인 본능을 절제하려는 것이 오히려 건강하지 못한 생활 방식이라고 생각하는 경향을 보이기도 한다.

## 정체를 밝혀라! 프로이트적 세계관

무신론자였던 프로이트는 자신의 세계관을 '과학적 세계관'이라고 명명하고 '영적 세계관' 또는 '종교적 세계관'과 격렬하게 대립하였다. 특히 그는 〈세계관에 대하여〉라는 논문에서 신의 존재를 부정하면서 종교는 삶의 고난으로부터 보호를 원하는 유아적 소망의 투사에 지나지 않는다고 신랄한 비판을 퍼부은 바 있다.

그런 프로이트에게 세계관을 가로지르는 세 가지 질문을 한다면 어떻게 대답할까?

### 첫째, 인간은 어떤 존재일까?

프로이트는 인간은 육체와 정신으로 구성되어 있으며 특히 정신의 영역에는 원초적 본능의 이드, 합리적 자아인 에고, 도덕적 초자아인 수퍼에고라는 세 가지 얼굴이 있다고 했다. 그러나 인간의 정신세계에 의식과 무의식을 초월하는 영혼을 위한 자리는 없다. 따라서 프로이트적 세계관으로 볼 때 인간은 영혼을 위한 구원을 필요로 하는 존재가 아니다.

프로이트적 세계관에서 인간이란 동물에서부터 천사에 이르는 그 사이 어디쯤 놓여 있는 존재이다. 인간은 어떤 상황에서는 이드가 원하는 대로 먹고 자고 사랑하고픈 원초적 충동에 충실하기도 하고, 어떤 때는 에고의 이성적 판단에 따라 합리적인 선택을 하기도 한다. 또 어떤 경우에는 수퍼 에고에 이끌려 사회적으로 바람직하게 여기는 행동들과 자신보다는 타인을 생각하는 이타적인 행동을 하기도 한다. 즉 프로이트적 세계관에서는 한 사람 안에서 세 가지 서로 다른 인격이 상황에 따라 상호작용을 하며 그 사람의 행동을 결정짓는다.

또한 프로이트는 '네 이웃을 네 몸같이 사랑하라'라는 성경 구절은 전혀 현실성이 없는 이야기라고 비판했다고 한다. 사람은 공격을 받을 때에 그저 방어하기만 하는 점잖은 동물이 아니며, 오히려 본능적으로 부여받은 공격성이 많은 피조물이라는 것이 프로이트의 견해였다.[8] 타인을 자신처럼 사랑한다는 일은 인간의 본성 상 있을 수 없는 일이라는 것이다. 타인을 배려하는 도덕적 수퍼 에고가 발달한 사람을 좀처럼 발견하기 어려운 이유를 직접적으로 설명해 주는 부분이다.

한 사람 안에 있지만, 상황에 따라 다르게 드러나는 세 인격 그리고 그 중에서도 원초적 본능에 가장 강한 영향을 받고 있는 존재, 그것이 바로 프로이트적 세계관으로 바라보는 인간이다.

### 둘째, 인간 사회에서 문제의 원인은 무엇일까?

프로이트는 환자들을 치료하면서 이들이 앓고 있던 신경증의 원인이 '욕망의 억압'에서 비롯된다고 생각했다. 자유롭게 자신이 가진 욕망을 드러내어 해소하지 못하고 무의식 속에서 이러한 욕망을 억누르기 때문에 스트레스가 쌓이고 이에 따른 병적인 증상이 발현되는 것이다. 이것이 곧 개인에게 여러 가지 고통을 유발하는 원인이라고 생각했다.

프로이트적 세계관에서는 성적인 욕망을 지속해서 억누르는 것이 인간을 가장 불행하게 만드는 일이며, 종교가 개인의 불행을 만드는 주요 원인 제공자라고 하였다. 왜냐하면 종교는 인간의 성적 욕망을 죄악시 하며 순결, 금욕과 절제, 그리고 도덕을 강조하면서 성적인 본능을 억제하라고 말하기 때문이다. 그리고 본능을 억제하지 못하는 인간은 그러한 종교적 가르침 때문에 늘 죄책감에 시달리는 악순환의 고리에서 벗어나지 못한다. 그러므로 욕망의 억압으로 사람들에게 고통이 생겨나고, 이렇게 불행한 개인들이 모여 사는 사회는 점점 더 불행해지는 것이 당연한 결과라고 설명한다.

### 셋째, 인간 사회의 문제는 어떻게 해결할 수 있을까?

프로이트는 집단보다 개인, 특히 한 개인이 겪고 있는 고통의 문제에 관심이 더 많았다. 그래서 개인을 고통에서 벗어나게 해주는 것이 악의 해결이고 구원이었으며 이 구원은 수퍼 에고에 억눌려 있는 이드와 에고의 해방을 통해 얻을 수 있다고 생각했다.

따라서 프로이트적 세계관은 사회가 용인할 수 있는 테두리 내에서 성적인 욕망을 충족시킬 방법들을 찾아내고 허용함으로써 개인이 스트레스를 덜 받게 되면 여러 가지 정신적인 고통과 이로 인해 야기되는 사회적인 문제에서 해방될 수 있다고 보았다. 또한 종교나 도덕과 같이 수퍼 에고를 강화시키는 것들을 해체하고, 이를 약화시킴으로써 이드의 본능적인 욕망이 방해물 없이 해소될 수 있게 해주는 것, 그래서 인간이 더 행복해질 수 있게 하는 것을 문제의 해결책이라고 생각했다.

'그런 방식으로 개인의 문제를 해결하다 보면 사회 전체가 무질서해지지 않을까?' 하는 우려에 대하여 내놓은 해법은 바로 교육이었다. 프로이트적 세계관에서는 인간 사회의 질서를 유지하기 위해 종교적 도덕이 아니더라도 사회적 합의와 윤리는 필요하다고 보았다. 교육을 통해 인간이 사회적 합의와 윤리에 대해 제대로 배울 수만 있다면 무지에서 벗어나 자발적으로 그 한계 내에서 자신의 본능을 적절히 조절해 가며 해소할 방법도 찾을 수 있을 것이라 생각했기 때문이다.

하지만 정작 프로이트조차도 교육만으로 인간 사회의 문제를 해결하는 것에는 한계가 있음을 경험하였다. 2차 대전 당시 가장 높은 교육수준을 자랑하던 독일인들이 인류 역사상 가장 비윤리적인 유태인 대학살을 저질렀고, 높은 교육수준으로 인정받는 정신분석가들의 도덕성이 다른 직업군에 비해 그다지 높지 않다는 사실에 대해 프로이트 역시 깊이 절망했다고 알려져 있다.[9] 교육만으로 본능으로 뒤덮인 인간 사회의 문제를 해결하는 것에는 한계가 있어 보인다.

그렇다면 신의 도움을 완강히 거부한 채 인간을 위한, 인간에 의한, 인간의 구원이란 가능한 일일까?

## 성경은 무엇이라 말하는가?

22 너희는 유혹의 욕심을 따라 썩어져 가는 구습을 따르는 옛 사람을 벗어 버리고  23 오직 너희의 심령이 새롭게 되어  24 하나님을 따라 의와 진리의 거룩함으로 지으심을 받은 새 사람을 입으라

| 에베소서 4:22-24 |

8 너희가 전에는 어둠이더니 이제는 주 안에서 빛이라 빛의 자녀들처럼 행하라
9 빛의 열매는 모든 착함과 의로움과 진실함에 있느니라

| 에베소서 5:8-9 |

프로이트적 세계관과 성경적 세계관은 모두 눈에 보이지 않고 의식할 수 없는 영역을 다룬다는 점에서는 같지만, 그것을 바라보는 관점과 범위는 매우 다르다.

프로이트적 세계관은 인간을 매우 개인적인 존재, 과거의 경험에 갇혀 있는 존재, 이성보다는 본능의 지배를 받는 존재라고 본다. 반면 성경은 인간이 비록 본질상 죄인이지만 예수 그리스도 안에서 거듭날 수 있는 가능성을 지닌 존재라고 말한다. 고린도후서 5장 17절 말씀처럼 '그런즉 누

구든지 그리스도 안에 있으면 새로운 피조물이라. 이전 것은 지나갔으니 보라 새 것이 되었도다' 함과 같다.

그 새로운 존재는 단순히 작은 개인적 자아인 상태로 머무르지 않고 이웃과 사회 공동체를 향해 선한 영향력을 끼칠 수 있다. 더 나아가 창조주 하나님과 소통할 수 있는 질적으로 변화된 존재이며, 성령의 도우심 안에서 자신의 자유의지로 진정한 삶의 의미를 찾고, 선택하고, 그 의미대로 살아낼 수 있는 존재이다.

프로이트적 세계관에서는 인간 사회의 고통의 문제는 본능을 억압하는 데에서 기인한다고 본다. 특히 절대자 하나님 앞에서 한없이 작고 무기력한 인간은 그저 그가 정한 규칙과 도덕에 복종해야만 하는 수동적인 존재이다. 이렇게 자신의 본능적 욕구에 반하는 복종이야말로 고통을 부르는 핵심적인 원인이라고 생각한다.

그러나 성경은 이 모든 문제가 원죄로 말미암아 하나님과의 깨어진 관계로부터 시작된다고 말한다. 그러므로 인간 사회의 문제는 하나님과의 관계를 다시 회복함으로부터 그 해결의 실마리를 찾을 수 있다. 그 회복을 위한 첫걸음은 예수 그리스도의 십자가의 대속과 부활을 믿는 것이고, 그 이후에는 회복된 관계 속에서 하나님의 자녀답게 기쁨으로 순종하며 살아가는 것이다.

특히 예수 그리스도의 부활은 인간에게 새로운 생명을 부여한 사건임과 동시에 성령을 통해 한 사람의 인생에 전인격적인 변화를 일으키시겠다고 선포한 사건이기도 하다. 부활하신 예수님은 제자들에게 성령을 보내주실 것을 약속하셨다. 사도행전을 보면 그 약속대로 오순절 마가의 다락방에서 함께 기도하고 있던 예수님의 제자들은 불과 같은 성령이 각 사람의 내면에 임하는 놀라운 체험을 하면서 전혀 다른 사람들로 변화하였다.

그 대표적인 인물이 사도 베드로이다. 베드로는 3년 동안이나 예수님을 따라 다녔고, 예수님으로부터 인정받던 수제자였지만 정작 예수님께서 십자가에 달려 돌아가실 때에는 예수님을 모른다고 세 번이나 부인했던 비겁한 겁쟁이였다. 그랬던 그가 성령이 임하시자 다른 열한 사도들과 함께 예루살렘에 모여있던 수많은 무리들 앞에서 담대한 목소리로 복음을 전했다. 유대인들이 못 박아 죽인 그 예수가 하나님께서 오래 전부터 약속하셨던 메시아였고, 이제 그가 인류를 죄에서 구속하기 위해 십자가에서 죽으셨고, 죽으셨을 뿐만 아니라 부활하셨다고 말이다. 베드로는 예수를 믿는 사람들마다 구원을 받는다는 기쁨의 소식을 확신과 열정에 찬 목소리로 증언했을 뿐 아니라 후일 자신이 전한 그 복음을 위하여 기꺼이 생명을 내어 놓았다.

사도행전 2장 17절에는 베드로를 통해 구약성경 요엘서의 말씀이 인용되는 장면이 있다. 마지막 때에는 젊은이나 늙은이, 자녀나 아비, 남자나 여자 할 것 없이 누구나 성령을 받으므로 예언을 하거나, 꿈을 꾸고, 비전을 보게 된다고 한다. 이는 누구나 자신의 과거 경험이나 인격에 얽매이지 않고 새로운 미래를 바라볼 수 있는 사람들로 변한다는 말씀으로 이해될 수 있을 것이다.

예수님께서 성령을 보내주시겠다고 약속한 이유는 무엇이었을까?

그것은 바로 예수님의 제자들이 복음의 증인이 되도록 격려하시고, 그 일을 하는 데 필요한 은사를 주시고, 또한 제자들을 거룩한 삶으로 인도하기 위해서였을 것이다. 그리고 오늘날에도 그의 제자가 되기로 한 모든 사람들이 자기 자신에게만 매몰되지 않고 복음을 들고 이웃과 사회 공동체에게로 나아가 궁극적으로는 하나님 나라를 확장하도록 하시기 위해서일 것이다.

갈라디아서 5장 22~26절에는 사랑, 희락, 화평, 오래 참음, 자비, 양선, 충성, 온유, 절제라는 성령의 아홉 가지 열매가 나온다. 보통의 인간이 이런 성품을 갖는다는 것은 거의 불가능한 일이다. 프로이트적 세계관으로 본다면 도덕적 수퍼 에고보다는 본능적 이드와 합리적 에고가 강한 대부분의 인간에게 이러한 성품을 요구하고 있다는 자체가 어불성설일 수 있다. 그러나 성경은 우리 각 사람이 예수 그리스도 안에서 성령의 도우심으로 성령의 열매를 맺는 사람으로 자라나갈 수 있다고 말한다.

유명한 기독교 변증가인 C.S. 루이스는 자신의 저서인 〈순전한 기독교〉에 "하나님은 당신 자신을 넣어야 작동할 수 있도록 인간이라는 기계를 만드셨다. 당신 스스로 우리 영혼이 연소시킬 연료가 되고 먹을 음식이 되신 것이다. 하나님은 하나님 자신과 상관없는 행복이나 평화를 주실 수 없다. 그런 것은 세상에 없기 때문이다."라고 썼다.

그렇다. 인간은 단순히 육체적인 존재가 아니고, 인간의 정신 작용은 두뇌 활동의 부산물에 불과한 것이 아니다. 인간은 성령으로 하나님과 소통할 수 있는 영적인 존재이다. 인간의 가슴 속에는 영혼의 창조자이신 하나님이 아니고는 채울 수 없는 그런 자리가 있다. 이 자리가 비어 있을 때 인간은 인생의 진정한 의미를 발견하지 못하고 허무를 느끼거나 그 자리를 다른 무엇인가로 채우려고 발버둥 친다.

진실로 가치 있는 삶을 살고 싶은가? 그렇다면 지나치게 자기 자신에게만 몰입하지 말자. 눈을 들어 하늘을 보고 주위를 둘러보자. 나만의 만족과 행복을 위해 모든 에너지를 쏟아버리지는 말자. 이웃에게 손을 내밀어 보고, 내민 손을 마주잡아 보기도 하자. 하늘을 향해 손을 들고 나에게 삶을 허락하신 하나님께 감사를 올려 보자. 그것이 진정 인간을 인간답게 하는 길로 우리를 인도할 것이다.

## 현실 속에 나타난 프로이트적 세계관의 영향

프로이트의 정신분석 이론 자체는 후대의 심리학자나 정신의학자들에 의해 많이 수정되거나 폐기되고 있지만, 프로이트가 제공한 세계관은 여전히 예술과 문화, 그리고 철학을 포함한 인간 사회의 전 영역에 걸쳐 영향을 미치고 있다.

예를 들면 프로이트가 주목한 꿈과 무의식의 세계는 많은 초현실주의 작가들에게 영감을 주었다. 주로 회화나 조각 등에서 작가들은 무의식의 빗장을 열고, 인간의 깊은 내면에 숨겨진 이미지들을 끌어 올리고자 했다. 현실 세계에서는 존재하지 않는 늘어지고 흐트러진 이미지들, 상상에서나 나올 법한 특이하고 왜곡된 이미지들을 활용한 작품들이 초현실주의라는 이름으로 대중으로부터 많은 사랑을 받았다.

또한 프로이트적 세계관이 주입한 자아에 관한 관심은 자아몰입적인 문화를 형성하기도 하였다. 이러한 문화는 지나치게 자신의 필요와 욕망에만 집중하는 사회 현상까지도 만들어 냈다. 내가 좋아하는 것, 내가 원하는 것, 나의 본능적인 욕구의 만족, 특히 성적인 욕구의 충족이 행복이라고 착각하게도 만들었다.

요즘 많은 젊은이들이 결혼과 성생활은 서로 분리된 것으로 생각하는 것 같다.

결혼은 한 남자와 한 여자가 서로 일생을 함께하기로 한 언약이다. 아플 때나 건강할 때나 가난할 때나 부유할 때나 변함없이 사랑하며 늘 곁을 지켜주겠다는 약속이다. 결혼 언약 하에서의 성생활은 단순히 부부 사이의 애정을 유지하기 위한 것일 뿐만이 아니라 함께 아이를 낳아 기르며 가정을 가꾸어 나간다는 의미가 있다. 이런 의미에서 결혼은 남편과 아내 모두에게 많은 책임과 의무를 부여하며, 동시에 엄청난 인내를 요구하는 일이다.

반면에 결혼과 관계없는 성생활은 서로 일시적으로 동의하기만 하면 언제든 쉽게 만나기도 하고 쉽게 헤어지기도 한다. 자녀 양육에 대한 부담을 질 필요도 없고, 상대방의 부모나 가족들과 귀찮고 부담스러운 관계를 맺을 필요도 없다. 그저 서로의 성적인 만족감을 채워주면 그뿐이고 그래서 서로 행복한 순간을 맛보았다면 그것으로 충분하다. 그리고 이런 이기적인 본능을 '원초적 사랑(Fatal Attraction)'이라는 그럴 듯한 이름으로 포장한다.

가끔 하나님께서 왜 결혼이라는 제도를 만드셨을까? 궁금해질 때가 있다.

한 사람과 일평생 변하지 않는 사랑을 유지한다는 것 자체가 변덕이 심한 인간의 특성상 불가능한 일인데 말이다. 그냥 인간을 생육하고 번성시키는 것만이 목적이었다면 인간에게도 동물처럼 '발정기'라는 본능을 주셔서 그 본능에 따라 충실히 살도록 했으면 그만일 텐데 말이다.

그래서 분명히 다른 목적이 있을 것이라 생각해 본다. 하나님의 형상으로 인간을 창조하신 하나님은 인간이 동물의 수준으로 떨어지지 않고 하나님과 같은 거룩한 존재로 자라가도록 성장시킬 수 있는 훈련 장소가 필요하셨던 것 같다. 그리고 결혼만큼, 그리고 그 결혼을 통해 가정을 지켜

내도록 하는 것만큼 훌륭한 훈련 도장은 없다고 결론을 내리게 된다.

일생을 통해 한 남자와 한 여자가 자신의 이기적인 욕망을 다스리며, 서로를 배려하고, 전혀 다른 세대를 살아가는 자녀들을 키우면서 타인에 대한 진정한 헌신이 어떤 것인지를 배워나갈 수 있는 곳, 그곳이 바로 결혼으로 이루어지는 가정이 아닐까? 그래서 옛 어른들도 사람은 결혼을 해야 비로소 철이 들고 어른이 되는 것이라고 말씀하신 것이 아닐까?

간혹 현대인들 중에는 결혼의 의미를 그저 합법적으로 사회가 용인하는 범위 내에서 남녀가 성적인 욕구를 해소하는 방편으로 생각하는 경우가 있는 것 같다. 자녀에 대한 책임의식은 나의 행복을 위해 불가피한 경우 희생시켜도 어쩔 수 없다고 생각한다. 그래서인지 과거에 비해 결혼을 깨뜨리는 것을 심각하게 생각하지 않는 사람들이 점점 많아지고 있다. 하나님 앞에서의 언약이 아니라 실정법하에서의 계약이기 때문에 필요하면 당사자 중 어느 누구라도 계약을 파기할 수도 있다고 생각하는 것이다. 이렇게 결혼의 의미가 축소되고 조롱거리가 되고 있는 현대사회는 도대체 어디로 가고 있는 것인지, 제대로 가고 있기는 한 것인지 의문이다.

프로이트적 세계관은 우리에게 말한다. 너의 이기적인 본능을 억제하지 말라고. 본능을 자유롭게 충족시키라고. 그러면 행복해질 수 있다고. 그러나 성경은 우리에게 말한다. 너의 이기적인 본능으로부터 자유하라고. 본능의 명령에 굴복하지 말고 다스리라고. 인간은 본능에 갇혀 살 수밖에 없는 존재가 아니라 새로워질 수 있는 존재라고 말이다. 지금 우리가 가야 할 좁지만 선한 길은 어느 쪽으로 나 있을까?

## 다시 우리와 우리 아이들의 이슈로

# 본능적 욕구 추구,
# 끊어내지 못하는 과거

지난 인류 역사 가운데 어느 한순간에도 본능과 욕구가 추구되지 않은 때는 없었다. 수많은 사람이 바로 옆에서 죽어나가는 전쟁 상황에서도, 눈부신 경제 발전으로 모든 것이 이전과는 비교도 안 될 정도로 풍족해진 때에도, 그저 일을 하고 아이를 돌보는 평범한 일상에서도 사람의 욕구는 끊임없이 추구되었다.

그렇다면 굳이 우리가 여기서 인간의 본능 이야기를 꺼내는 까닭은 무엇일까? 본능을 추구하는 현대인의 모습이 이전과는 다른 양상으로 나타나고 있기 때문이다.

한번 생각해 보자. 요즘처럼 자신이 먹고 마시는 것을 이토록 신경 쓰며 열심히 기록하던 때가 있었던가? 연예인이 아닌 일반인이 자신의 연애사와 스킨십을 이토록 가감없이 보여주고 널리 공유하는데 적극적인 때가 있었던가? 어른들과 아이들이 자극적인 콘텐츠를 이토록 손쉽게 함께 소비한 적이 있었던가?

지금부터 전 세대가 적극적이고 공개적으로 자신의 본능 충족을 추구하는 현상을 어떻게 다룰 수 있는지 세계관의 관점에서 살펴보자. 동시에 우리 자신의 세계관도 확인해보자. 당신은 사람이 고통스러운 이유는 충족되지 못한 욕망 때문이라는 프로이트적 세계관을 가지고 있는가, 아니면 욕망은 성령의 능력으로 다스릴 수 있는 것이며 고통이 있을 때 하나님과의 관계를 먼저 기억하고자 하는 성경적 세계관을 가지고 있는가?

## 본능적 욕구 – 전 세대의 적극적이고 공개적인 추구

### 미친 듯이 우리의 삶을 파고드는 미디어의 영향력

'믿음은 들음에서 난다'라는 성경 말씀이 있다. 아이를 기르고 여러 사람과 나눔을 하면서 이 말씀이 얼마나 맞는가를 실감한다. 실제 사람들이 평소 믿는 대로 행동하기 보다 가장 많이 보고 들은 것을 통해 그때그때 새롭게 생겨난 믿음에 따라 행동하는 것을 자주 목격하기 때문이다. 예를 들어 평소 먹는 것에 그렇게까지 신경 쓰지 않던 사람들이 여러 먹방 프로그램과 맛집 탐방 블로그에 계속 노출되면서부터 자신의 여유 시간과 돈을 그곳에 가서 소개된 음식을 먹는데 소비하는 모습을 보게 된다. 꼭 이전부터 맛있는 음식을 먹는 것이 아주 중요하다고 생각했던 사람들처럼 말이다.

또 요즘 좋은 집과 인테리어를 보여주는 TV 프로그램이 많아지고 '랜선 집들이'라는 이름으로 일반인들이 손쉽게 자신의 집을 소개하는 방법이 마련되면서 사람들의 집에 대한 욕구가 변하고 있음을 느낀다. 단순히 내 집을 가지고 싶다는 욕구를 넘어 홈 카페 수준의 멋진 인테리어가 된 내 집을 가지고 싶다는 욕구가 커져가고 있다. 원래 집은 멋진 인테리어가 필수라고 생각하고 있었던 듯 말이다.

아이들도 예외는 아니다. SNS 속 넘쳐나는 명품 언박싱 영상과 뷰티 콘텐츠들을 보며 우리 아이들은 이미 명품과 화장품을 어른들만큼 적극적으로 소비하는 세대로 자리 잡았다. 청소년 시기부터 명품을 들고 화장을 하는 것이 자연스러운 일상이었던 것처럼 말이다.

이처럼 사람들의 욕구는 문자 그대로 "미친 영향력"으로 사람들의 보고 듣는 것을 완전히 사로잡은 미디어에 의해 좌지우지되고 있으며, 욕구의 강도 역시 미디어에 의해 결정되고 있다. 다시 말해 미디어를 통해 사람들에게는 없던 욕구가 계속 생겨나고 있으며, 원래 그다지 크지 않았던 욕구가 너무나 중요하게 되어 꼭 채우고 싶은 욕구가 되고 있다.

사실 현대 미디어가 자극하는 욕구가 대부분 식욕, 소비욕, 소유욕, 성욕 등과 같이 인간의 본능과 관계된 일차원적 욕구라는 점은 이전 시대와 아주 다르지 않다. 하지만 미디어에 노출되는 절대적인 양이라는 측면에서 현대인들은 이전과는 완전히 다른 환경에서 살고 있다.

먼저 미디어 종류가 너무나 다양하다. 예전에는 거의 TV 광고나 영화, 드라마를 통해서만 사람의 욕구를 자극하는 콘텐츠가 제공되었다면, 지금은 우리가 눈 뜨고 있는 동안 마주치는 모든 것들을 통해 콘텐츠가 쏟아진다. TV, SNS, 유튜브, 넷플릭스(Netflix), 게임, 웹툰, 스마트폰 속 각종 앱, 버스와 엘리베이터 내 광고패널 등에서 말이다. 사람들은 자신이 볼 미디어를 스스로 고른다고 생각하지만, 이 정도면 거의 모든 시간과 공간을 의도적으로 채우고 있는 미디어로 인해 애초부터 사람들에게 선택권은 없었던 것 같이 느껴진다.

또한 그러한 미디어를 접하는 시간이 엄청나게 길어졌다. 하루 24시간을 놓고 보면 앞서 언급한 수많은 미디어에 노출되는 시간은 거의 집중해서 무언가를 하는 시간을 뺀 모든 시간인 듯하다. 일생 전체를 놓고 보면 어떤가? 이제 카페에서 아직 말도 제대로 못 하는 아이들이 핸드폰을 들고 무언가를 보고 있는 것은 흔한 장면이 되었다. 그리고 그 아이들이 동영상에 나오는 캐릭터 인형 하나쯤 손에 들고 있는 것도 마찬가지다. 청소년들은 이미 어른들과 같은 미디어를 통해 똑같은 콘텐츠를 소비한 지 오래다. 지금은 거의 태어나면서부터 죽을 때까지 하루 중 가장 많은 시간을 미디어와 보내고 있다고 해도 과언이 아니다. 게다가 현대 미디어는 강력한 추천 알고리즘으로 무장해 사람들을 편향과 중독으로 이끌고 있다.

이 시대 미디어는 이처럼 실로 강력하다. 사람들의 무의식 속에 억눌렸던 욕망을 깨우는 정도가 아니라 없던 욕망도 만들어 낸다. 그리고 원래부터 그 욕망이 자신의 욕망이었다고 믿게 만든다. 또한 사람들로 하여금 '각자 자신에게 진짜 중요한 것'을 추구하며 살게 하지 않고 '미디어를 통해 만들어지고 자극된 비슷한 욕구'를 쫓아가게끔 하고 있다.

그렇다면 우리는 미디어의 강력한 영향에서 어떻게 벗어날 수 있을까? 또한 미디어에 의해 새롭게 만들어진 본능적 욕구를 어떻게 다스릴 수 있을까?

프로이트적 세계관으로 보면 인간은 무의식에 억압된 본능적 욕구가 충족되어야 행복한 존재다. 그래서 프로이트적 세계관을 가진 사람들은 일단 미디어를 통해 바깥으로 드러난 자신의 본능적 욕구가 감지되면 자신이 가진 시간, 돈, 체력, 지식 등을 활용해 최대한 이를 지체없이 충족시켜야 한다. 절대 더 큰 목표나 가치, 도덕이나 윤리 같은 것을 이유로 욕구를 억제해서는 안 된다.

프로이트적 세계관에서 인간의 고통은 본능이 충족되지 못해 생긴 것이므로 먹고 싶은 것이 있으면 얼마나 많은 시간을 기다리든지 얼마나 많은 돈을 쓰든지 간에 먹는 것이 좋은 것이다. 설령 그 시간과 그 돈으로 다른 중요한 일을 할 수 있다고 해도 말이다. 또 너무나 갖고 싶은 것이 생겼다면 충동구매를 하거나 빚을 내더라도 사는 것이 좋은 것이다. 그것이 실제 자신의 능력을 넘어가거나 미래에 감당할 수 있을지 확신할 수 없는 정도라 하더라도 말이다.

성경적 세계관은 어떠한가? 성경적 세계관 역시 프로이트적 세계관과 마찬가지로 사람에게 본능적 욕구가 있다는 것을 인정하며 절대로 무시하지 않는다. 사복음서를 보면 사람들에게 먹고 마시고 무언가를 갖는 것이 필요하다는 것을 아시고 직접 사람들의 필요를 채워주시는 예수님의 모습이 자주 등장한다. 하지만 성경은 사람들의 본능적 욕구를 다루는 방식에서는 완전히 다른 관점을 제시한다.

성경적 세계관에서는 사람에게 본능적 욕구가 있지만 욕구를 채우는 것을 우선으로 살지는 말라고 한다. 이 세계관에서 사람은 하나님의 형상이자 하나님의 자녀이기 때문에 본능적 욕구를 넘어 하나님 안에서 더욱 의미 있는 것들을 추구하며 살라고 이야기한다. 또한 마태복음 4장 4절 말씀처럼 "사람은 떡으로만 사는 것이 아니라 하나님의 입으로부터 나오는 모든 말씀으로 사는 것"이므로, 때로는 본능적 욕구를 절제하면서 하나님께서 명령하시거나 원하시는 일을 먼저 행하라고 한다. 이에 성경적 세계관을 가진 사람들은 본능적 욕구에 중독되거나 매몰되지 않기 위해 애쓴다.

그뿐만 아니라 성경적 세계관에서는 본능적 욕구를 채우는 데에도 '지켜야 할 선'이 있음을 강조한다. 이는 사람들이 공동체로 함께 살아가는 데 필요한 것으로, 신명기 말씀 등을 보면 각각의 개인은 자신의 본능을 반드시 절대적인 도덕과 윤리 규범의 테두리 안에서 충족시켜야 한다고 이야기한다. 프로이트적 세계관이 개인의 욕구에만 집중한다면 성경적 세계관은 개인과 공동체의 욕구 두 가지 모두에 관심을 가진다. 공동체 안에서 모든 개인의 권리와 재산은 다른 사람들의 본능적 욕구로부터 안전하게 지켜져야 하며 훼손되지 않아야 한다고 말한다.

성경적 세계관을 가진 사람들은 자신의 본능적 욕구 충족 여부에만 집중하지 않고 하나님께서 마음 두신 곳을 두루 살피려 한다. 마가복음 12장 31절 "네 이웃을 네 몸과 같이 사랑하라"라는 말씀에 따라 자신의 필요만큼 이웃의 필요를 돌아보려 애쓴다. 또한 빌립보서 4장 11절 "내가 궁핍하므로 말하는 것이 아니라 어떠한 형편에든지 나는 자족하기를 배웠노니"라는 말씀과 같이 어떠한 형편에든지 인내하고 절제하며 자족하고자 한다. 특히 고통의 문제를 욕구의 미충족이라는 관점으로만 보지 않기 때문에 하나님과의 관계 안에서 고통과 결핍의 상황을 해석하며 나아갈 방향을 찾으려 한다.

### 개인적 일상에서 마주한 성경적 세계관

나에게 들려주신 이야기 **4**

## 나, 너한테 아끼는 거 없다

예전에 집이 없어 너무나도 서러웠던 날들이 있었다. 잘못한 것도 없는데 집주인이 툭하면 나가라고 하는 상황이 반복되고 있었다. 그 날 역시 집주인이 갑자기 찾아와 집에서 나가줬으면 좋겠다고 했다. 집 없는 설움이 사무치던 날이었다.

하나님 아버지께서 이 상황을 허락하셨다 믿었지만, 그 날은 정말이지 서러움과 열받음이 뒤섞여 악 소리가 지르고 싶었다. 하지만 남의 집에 사는 주제에 그럴 수도 없어 침대에 누워 혼자 펑펑 울었다. 그러다 하나님께 따졌다. "하나님, 제가 진짜 저 위해 뭐 그렇게 구한 적 없잖아요. 제가 뭐 달라고 떼쓰는 것도 없잖아요. 저 진짜 하나님 뜻대로 살려고 엄청 애쓰고 있잖아요. 근데 오늘은 못 참겠어요. 저 집 주세요. 집 꼭 주세요. 집 좀 진짜 주세요. 저 돈 없으니까 집만 주지 말고, 집도 주고 세금도 주고 관리비도 주세요. 진짜 좀 주세요!!!" 라고.

맘속으로 정말 고래고래 소리를 질렀다. 하나님 들으시라고. 나는 자족이고 뭐고 진짜 이거 안 주면 이거 해결 안 되면 더는 아무것도 못 하겠다는 식이었다. 그때 하나님께서 조용히 말을 건네셨다. "연임아, 너는 꼭 내가 너한테 아끼는 게 있는 것처럼 말하는구나. 나 정말 너한테 아끼는 거 없는데. 정말 하나도 없는데." 라고.

나는 순간 이렇게 대답했다. "하나님, 그게 지금 무슨 말씀이세요? 저는 지금 저한테 집을 주실 거냐, 안 주실 거냐, 언제 주실 거냐에 대해 이야기하는 거라고요."

다시 하나님께서 말씀을 이어 가신다. "연임아, 내가 예수를 줬잖아. 내가 내 아들 예수를 줬잖아. 그러니까 나 정말 너한테 아끼는 거 없잖아. 그러니 우리 살갑게 이야기하자. 내가 너한테 뭘 아끼겠니?"

하.. 난 정말 할 말이 없었다. 그냥 눈물만 났다. 이런 상황에서도 나와의 살가운 사이가 최우선인 하나님이시라니. 정말이지 아무 말도 할 수가 없었다. 그런 대답이 듣고 싶은 것이 아니라고 다시 되받아치고 싶었는데. 하나님의 진심이 나의 구주 예수 그리스도와 함께 너무 와 닿아 버려서 아무 말도 하지 못했다.

그저 다시 숨을 크게 고르고 이렇게 대답할 수밖에 없었다. 예수 그리스도를 구주로 받은 저의 은혜가 족합니다. 라고.

솔직히 위의 상황에서 나는 힘들었다. 꼭 갖고 싶은 내 집을 소유하지 못해 괴로웠다. 하지만 그 고통에 계속 붙잡혀 있지는 않았다. 내 집을 갖고 싶단 욕구가 충족되어서가 아니라 그 상황보다 더 귀한 구원의 은혜를 다시 알았기 때문이었다. 그리고 하나님께서 내게 아끼는 것이 하나도 없다는 사실을 신뢰함으로 주어진 현실을 다르게 보며 인내할 힘을 얻었기 때문이었다.

우리와 우리 아이들 모두가 이렇게 하나님 아버지와의 관계 안에서 욕구를 다스리는 법을 배우고, 힘들 때 인내하며 하나님의 가장 완벽한 때를 기다림으로 항상 기뻐하고 범사에 감사하는 삶을 살 수 있게 되기를 바란다.

---

개인적 일상에서 마주한 성경적 세계관

나에게 들려주신 이야기 5

## 하나님과 이심전심, 하나님 마음이 진짜 내 마음이 될 때

재작년 해외 출장이 없는 두 달 동안 훈련을 하나 받았다. 그 훈련에서는 플로잉(Flowing)이라고 해서 기도하면서 자신이 가진 것을 남에게 흘려보내는 과제가 있었다. 그래서 나는 "하나님, 저는 누구에게 무엇을 흘려 보내면 좋을까요?"라고 기도했다.

그때 하나님께서는 내게 "○○ 개척교회의 빚을 갚으라."고 말씀하셨다. 그 말씀을 듣고 일단 빚이면 큰 액수일 것 같아 엄청 당황했다.

"하나님, 진짜 제가 그 빚을 갚아요? 여기 같이 훈련받는 사람 중에 저보다 부자도 많은데 제가요? 저는 돈도 없는데요." 하고 처음에는 못하겠다고 했다. 하지만 그 기도 이후 계속 마음에 부담이 생기며 하나님께서 정말 그렇게 하기를 원하신다는 생각이 들었다. 그래서 다시 기도했다. "하나님,

그럼 그 빚이 얼마인지 알려주세요. 정확한 액수요. 그러면 할게요."라고.

하지만 하나님께서는 정확한 금액은 알려주지 않으시고 "연임아, 네가 기꺼이 할 수 있는 최대치를 하라."고만 대답하셨다. 기꺼이 할 수 있는 최대치를 하라고 하시니 도대체 얼마를 해야 할지 더 고민이 되었다. '나는 진짜 기꺼이 얼마까지 하나님께 드릴 수 있는 걸까?' 혼자 여러 번 물으며 쉽게 결정을 내리지 못했다.

결국 또 하나님께 "하나님, 하나님은 왜 제가 그 빚을 갚기 원하세요?"라고 물었다. 그러자 하나님께서는 그 개척교회 목사님께서 홀로 앉아 기도하시는 모습을 보여주시며 이렇게 대답하셨다. "연임아, 그 목사 내가 너무 아끼고 사랑하는 사람이야. 그래서 그 목사가 혼자 힘겨워하는 모습을 보는 게 내가 너무 속상해. 내 마음이 이렇게 속상한데, 너는 정말 아무 것도 하고 싶지가 않니?"라고.

그때 얼마나 맘이 철렁했는지 모르겠다. 하나님 아버지가 그렇게 속상하시다고 하시니 정말이지 뭔가 하지 않고 가만히 있을 수가 없어 뛰쳐나갔다. 그리고 이미 마감해 천으로 책상을 덮어 둔 플로잉 데스크로 뛰어가 그때까지 열심히 아껴 모은 적지 않은 재정을 플로잉 했다.

그날 밤, 간사님을 통해 내가 플로잉 한 금액이 그 목사님께서 1년간 기도하고 계셨던 금액과 정확히 일치했다는 간증과 그 빚을 스스로 갚고 싶었으나 다른 사람이 채우실 것이라는 마음을 받고 자신이 가진 돈으로 남을 먼저 도운 뒤 기도하고 있었다는 그 교회 전도사님의 이야기를 들을 수 있었다.

그때 정말 기분이 좋았다. 뭔가 어려운 문제의 정답을 맞힌 기분이랄까? 그렇게 한참 혼자 웃고 있었는데 하나님께서 말을 건네셨다.

"연임아, 너는 네가 플로잉한 금액이 정확히 빚 액수랑 맞아서 기분이 좋니? 뭔가 정답을 맞힌 거 같아서? 근데 나는 언제 가장 기분이 좋았는 줄 아니? 너무 속상하다는 내 말을 듣고 네가 뛰쳐나갔을 때. 네가 정말 내 마음을 알아주고 그 마음에 반응했을때 바로 그때였단다.”

이 일로 정확히 깨달았다. 내가 어려운 이웃을 섬겨야 하는 진짜 이유. 그것은 그분들을 보는 하나님의 시선과 마음 때문이었다. 그분들을 너무 사랑하시고 그분들의 힘듦으로 아파하시는 하나님의 마음 말이다.

성경적 세계관에서 사람은 누구나 귀한 존재이다. 그래서 성경적 세계관을 가진 사람들은 자신의 욕구를 내려놓고 먼저 다른 사람의 필요를 채울 수 있다. 성령으로 하나님의 깊은 본심을 이해하는 사람들은 자신의 욕구를 희생해가면서까지 다른 사람들을 돌볼 수 있다. 또한 하나님께서 자신의 선한 목자 되심을 믿으면 그 믿음 안에서 우주적 안정감을 누릴 수 있다. 이는 본능적 욕구 충족으로는 절대 누릴 수 없는 것이다.

우리와 우리 아이들이 본능적 욕구에 끌려다니지 않고 다스리며 하나님의 형상으로 더 높은 차원의 욕구를 추구하면 좋겠다.

## 끊어내지 못하는 과거 – 결코 벗어날 수 없는 영향력

요즘 사람들은 육체 건강만큼 정신 건강에 관심이 높다. 여러 방송에서 심리치료나 정신과 상담 장면을 심심치 않게 볼 수 있으며 서점에는 자신이 겪은 내면의 어려움을 풀어낸 책들이 즐비하다. 그러한 방송이나 책을 보다 보면 언제나 빠지지 않고 그 아픔의 원인으로 지목되는 것이 바로 과거다. 유년시절의 아픈 기억, 불우했던 청소년기, 부모와의 힘든 시간, 지난 연애의 상처 등등 말이다.

사람의 과거 경험과 현재 모습과의 인과관계는 이미 여러 연구를 통해 증명되었다. 사실 우리는 모두 그러한 연구결과가 없다 하더라도 그 명제가 틀리지 않는 말임을 알고 있다. 사람은 누구나 과거의 힘든 일로 인해 그 이후로도 꽤 오랫동안 괴로워하며 특정한 행동을 했던 경험이 있기 때문이다.

나 역시 정말이지 영원히 없어지지 않고 나를 괴롭힐 것 같은 기억으로 몸서리치며 살던 때가 있었다. 그때 나는 그런 경험은 결코 잊는다고 잊혀지는 것이 아니고 덮는다고 덮어지는 것이 아니라고 생각했었다. 그 일로 꼬박 일 년 동안은 아무것도 하지 못했고 그 후로 5년이 넘는 시간 동안 순간순간 그 기억이 떠오를 때면 무너지는 감정에 정상적인 생활을 할 수가 없었다.

이처럼 상처를 남긴 과거는 누구에게도 가볍지 않다. 그렇다면 우리는 이 무거운 무게를 어떻게 다루어야 할까?

프로이트적 세계관에 따르면 인간은 과거 경험의 영향을 강하게 받는 존재다. 프로이트는 과거 특히 유아기와 어린 시절에 해결되지 않은 욕구로 인한 무의식 속에서의 갈등은 현재의 정서에 영향을 미쳐 정신질환을 일으키기도 한다고 했다. 이에 프로이트적 세계관을 가진 사람들은 만일 상처를 남긴 과거로 인해 아직 괴롭다면, 지금이라도 그 과거의 욕구를 찾아내어 충족시키거나 정신과 상담과 같은 치료를 통해 그 욕구를 다뤄줘야지만 행복해질 수 있다고 생각한다.

성경적 세계관 역시 어떤 과거는 사람들에게 큰 상처를 남길 수 있음을 인정한다. 그리고 그로 인해 사람들이 이후에도 얼마나 힘들 수 있는지 공감한다. 하지만 반드시 그 과거를 해결해야지만 앞으로 나아갈 수 있다고 이야기하지는 않는다.

요한복음 4장을 읽어보면 예수님과 사마리아 여인이 대화하는 장면이 나온다. 다섯 명의 남편이 있었고 지금 있는 자도 남편이 아니라는 여인에게 예수님은 참된 예배에 대해 이야기하신다. 그리고 그 이야기를 들은 여인은 이전과는 완전히 다른 모습을 보인다. 이렇게 성경적 세계관에서 사람은 예수 그리스도의 능력으로 과거를 넘어설 수 있는 존재이다. 그러므로 성경적 세계관을 가진 사람들은 과거 상처에서 벗어나 새로운 오늘과 내일을 살아갈 수 있다는 소망을 품을 수 있다.

물론 어떤 상처는 너무나 깊어 금방 나아지거나 깨끗이 없어지지 않을 수 있다. 의사의 도움을 받아야 할 때도 있다. 하지만 성경과 예수 그리스도를 믿는 사람들은 비록 시간이 걸리고 일부는 흔적이 남는다 하더라도 회복될 수 있다고 생각한다. 그리고 나중에는 '상처 입은 치료자(Wounded Healer)'가 되어 누군가를 도울 수 있는 자리에까지 나아가게 되기를 소망한다.

### 개인적 일상에서 마주한 성경적 세계관

#### 나에게 들려주신 이야기 6
#### 그분만 바라보다 할 수 있게 된 용서

내게 자살까지 생각하게 한 그 경험. 그리고 그 경험 속의 그 사람. 나는 마트에서 그 사람과 비슷한 실루엣을 보기만 해도 온몸이 덜덜 떨렸었다.

그 사람을 용서하라는 말은 내 주변 사람들이 내게 절대로 해서는 안 되는 말이었다. 나는 정말로 그럴 마음도 여력도 아무것도 없었다.

그때 나는 꼬박 일 년을 헤매다 하나님을 다시 만났다. 그 일을 막아 주지도 내게 귀띔해 주지도 않은 하나님과 함께 있는 것이 너무 괴로워 나는 일 년간 예배, 말씀, 기도 모든 것을 끊고 하나님을 떠나 있었다.

하지만 회복은 한번 시작되자 계속해서 일어났다. 하나님 아버지께서는 기어이 나를 원래의 자리로 데려다 놓으셨다. 하실 수 있는 모든 것을 동원해서. 말씀으로 기적으로 만남으로.

그리고 나 스스로 나는 이제 회복되었다 느꼈을 때, 성령이 충만한 예배 가운데 하나님께서 말씀하셨다. "연임아, 용서하자 그 사람."

그때 나는 용서할 수 있을 것 같았다. 그래서 그렇게 하겠다고 기도했다. 그런데 그 사람의 이름을 부르며 용서를 하려고 했는데 그 사람의 이름이 떠오르지 않았다. 벽돌에 이름을 파서 새겨놓고 계속 욕하려고 했던 사람인데 그 이름이 기억나지 않았다. 나는 이게 어떻게 된 일인지 하나님께 물었다. "하나님, 용서하려는데 그 사람 이름이 기억나지 않아요. 어떻게 이럴 수가 있죠?"

하나님께서 대답하셨다. "내가 가져갔어. 사람들은 기도 노트를 만들고 자꾸 기도하면서 그 노트를 들춰. 자기가 적어 놓은 제목이 응답되었는지 아닌지, 몇 개나 응답되었는지 확인하려고. 자꾸 그렇게 기도제목을 쳐다보지. 그런데 내가 보니까 너는 기도 노트를 들출 힘도 없더라. 그래서 그냥 나만 죽어라 쳐다 보더라. 그래서 내가 그 노트 통째로 가져갔어. 나는 네가 나만 보는 게 좋아. 나만 그렇게 뚫어져라 보는 게 좋아. 그래서 내가 그 노트는 가져갔어. 그 기도 제목도. 그러니 우리 쉽게 용서하자. 그리고 너와 나 잘 지내자." 눈물이 났다. 아무리 열심히 알아가도 하나님의 마음은 다 알 수 없을 것 같았다. 도대체 얼마나 나를 사랑하시는 건지. 도대체 얼마나 나만 생각하시는 건지. 그렇게 나는 용서를 했고 사랑을 받았다.

하나님 안에서도 과거의 상처가 깊은 흉터로 남을 수 있다.

하지만 고린도후서 5장 17절 "누구든지 그리스도 안에 있으면 새로운 피조물이라 이전 것은 지나갔으니 보라 새 것이 되었도다"라는 말씀처럼 예수 그리스도 안에 있으면 우리는 현재를 옭아매는 과거라는 족쇄로부터 자유로울 수 있다.

고전이 알려주는 생각의 기원

# 3장

# 이쪽이냐 저쪽이냐, 한쪽만 선택해라

## 칼 마르크스의 [공산당 선언]

마르크스가 들려 준 이야기: [공산당 선언]이 등장하다 / 칼 마르크스는 누구인가 / 마르크스는 왜 프롤레타리아의 문제를 파고들게 되었나 / 정체를 밝혀라! 공산주의 세계관 / 성경은 무엇이라 말하는가 / 현실 속에 나타난 공산주의 세계관의 영향과 수저 논리, 편 가르기, 평등에 대한 오해

# ORIGIN OF THOUGHTS

요즘만큼 식사시간이 아닌 때에 '수저'라는 말을 자주 듣는 때도 없는 것 같다. 사람들의 오고 가는 대화 속에서도, 사회적 이슈를 다루는 기사의 내용과 댓글에서도 이 단어가 넘쳐난다. 여기서 수저는 밥이나 국을 떠먹는 도구를 뜻하는 단어가 아니라 부모의 능력 특히 경제적 능력을 기준으로 구분한 자녀의 정체성을 일컫는 말이다. 이 수저는 크게 금수저, 흙수저 두 가지로 나뉘는데 각각의 의미는 이렇다. 금수저는 돈 많은 부모의 뒷받침으로 어려움 없이 편하게 삶을 누릴 수 있는 자녀들을 가리키고, 흙수저는 경제적으로는 부모에게 기대할 수 있는 것이 없어 자신의 삶을 스스로 힘겹게 개척해나가야 하는 자녀들을 뜻한다.

이처럼 이 시대 우리와 우리 아이들은 부모의 재력에 근거해 자기 정체성을 정의하고 있으며 그에 따라 서로 완전히 다른 집단에 속해 있다는 기분을 느끼고 있다. 만나는 아이들과 종종 대화하다 보면, 이미 많은 아이가 자신을 두 개 수저 카테고리 중 하나에 맞춰 자신의 미래를 재단하고 있다는 사실을 발견하게 된다. 어른들도 지금 시대에는 이러한 분류가 어느 경우에나 맞는 진리라고 여기는 듯 힘들 때면 어김없이 수저 논리를 꺼내곤 한다.

맘 카페에 올라온 이야기 하나를 살펴보자. 어느 엄마가 "지금 빌라에 살고 있는데 아이가 초등학교 입학하기 전에 아파트로 이사해야 할까요?"라는 글을 남겼다. 처음 그 질문을 보고는 아이 학교와 가까운 아파트를 찾으시는 건가 생각했다. 하지만 나중에 그 글에 달린 다른 엄마들의 댓글을 보니 그게 아니었다. 댓글 내용은 초등학교 아이들이 주거 형태나 집 평수를 가지고 친구들을 놀리거나 따돌리기도 한다는 것이었다. 글을 올린 엄마는 자신의 아이가 그런 놀림을 받을까 걱정이 되어 아이 입학 전에 무리해서라도 아파트로 이사 가는 것이 좋을지 의견을 구한 것이었다. 물론 이런 일이 일어나는 초등학교는 일부라고 생각한다. 하지만 다만 몇 명이라 하더라도 어느새 우리 아이들이 경제적 수준으로 사람을 나누는 법을 익혀 버렸다는 것은 꽤나 충격적이다.

그렇다면 언제부터 사람들은 이렇게 소유의 많고 적음에 따라 인간의 정체성을 정의하고 이를 기준으로 사람들을 나누기 시작한 걸까? 이러한 생각은 어디에서 와서 우리와 우리 아이들을 어디로 데려가고 있는 것일까?

정소영 변호사님과 나는 사도 바울과 같이 지성과 영성을 겸비한 그리스도의 제자를 키우고자 '세인트폴 세계관 아카데미'를 설립했다. 그리고 청소년들을 대상으로 이 책에 나오는 고전을 읽고 세계관의 관점에서 자기 생각을 정리한 뒤 조별로 토론하는 '현대의 문을 연 고전들' 과정을 진행했다. 그 과정에는 조별로 이름을 정하는 시간이 있었는데, 한 조가 자신들은 '평등'을 좋아하니 조 이름을 '공산당'이라고 짓겠다고 했다. 또 마르크스 책을 읽고 토론하던 날에는 다른 조 아이들이 "기독교에서는 모두가 평등하다고 하니 기독교는 자본주의보다 공산주의에 더 가까운 것 같다"는 이야기를 했다.

아이들의 이야기를 들으며 그 친구들이 말하고 생각하는 평등이란 뭘까 궁금했다. 또 상당수 아이들이 "공산주의 = 평등" 이란 공식으로 공산주의를 이해하고 있다는 사실이 놀라웠고, 자유를 말하는 아이들보다 평등을 말하는 아이들이 훨씬 많다는 것도 신기했다.

고전이 알려주는 생각의 기원

그렇다면 과연 공산주의란 무엇일까? 그리고 공산주의에서 말하는 평등과 성경에서 말하는 평등은 어떻게 다를까?

제 3장에서는 이 세상에 공산주의라는 이데올로기를 처음으로 소개한 마르크스의 이야기와 그러한 생각이 낳을 수 있는 결과들을 알아보자. 동시에 인간과 세상을 설명하는 절대 진리요 기원인 성경은 그에 대해 어떻게 이야기하는지 살펴보자.

마르크스가 들려 준 이야기

# 이쪽이냐 저쪽이냐,
# 한쪽만 선택해라

[공산당 선언] [10]

이 모든 운동에서 공산주의자들은 소유 문제를, 그 발전의 정도와 상관없이 운동의 근본 문제로 내세웠다. 결국 공산주의자들은 어디에서나 모든 국가의 민주 정당들의 연합과 합의를 얻어내기 위해 노력한다. 공산주의자들은 자신들의 견해와 의도를 숨기기를 거부한다. 그들은 자신들의 목적이 이제까지의 모든 사회질서를 폭력적으로 전복해야만 달성될 수 있음을 공개적으로 천명한다. 지배계급은 공산주의 혁명이 두려워 전율할지도 모른다. 프롤레타리아들은 공산주의 혁명에서 자신들을 묶고 있는 족쇄 외에는 잃을 게 없다. 그들에게는 얻어야 할 세계가 있다.

"만국의 프롤레타리아여, 단결하라!"

___제1장 공산당선언

# [공산당 선언]이 등장하다

인류 역사에 있어 칼 마르크스는 인간의 해방과 구원에 대해 가장 혁명적인 대안을 내놓은 사람 중 하나로 알려져 있다. 마르크스가 주창한 공산주의 이론의 핵심을 잘 간추려 놓은 [공산당 선언]은 1848년 마르크스와 그의 동지 프리드리히 엥겔스가 만든 소책자로 '공산주의자 동맹'이란 조직의 강령으로 쓰였다고 한다.

마르크스와 엥겔스는 개별 인간의 노동 가치가 그 노동을 생산한 다수의 노동자들에게 돌아가지 않고 일부 자본가들에게만 집중되는 현실에 대해 분노하여 개인의 사유재산이 철폐된 공산주의 사회를 건설하고자 하였다.

마르크스는 모든 사회의 역사는 계급투쟁의 과정이라고 주장했다. 또한 인간 사회는 정신적 차원의 상부구조와 물질적 토대인 하부 구조로 구성되어 있다고 했다. 당시까지 철학자들은 인간의 정신이 물질적인 발전을 견인했다고 생각했지만, 마르크스는 물질이 인간의 의식을 규정하면서 인간 사회가 발전한다고 생각했다. 마치 다윈의 진화론에서 물질인 뇌의 기능이 고등하게 진화하면 정신적인 활동도 더 활발해지는 것처럼 말이다.

마르크스는 인간을 자본을 소유한 브루조아와 임금 노동자인 프롤레타리아로 나누었다. 그리고 물건은 브루조아의 자본인 땅과 돈, 공장과 기계 등에 프롤레타리아의 시간과 노동이 투입되어 생산되는데, 이때 생산된 물건이 남기는 이익을 브루조아가 과도하게 많이 가져간다고 생각했다. 프롤레타리아에게는 오직 생존에 필요한 정도의 임금만을 지급하고 나머지는 모두 브루조아의 것이 되기 때문에 프롤레타리아는 점점 더 늙고 가난하게 되지만, 브루조아는 별로 힘들이지 않고 점점 더 부자가 되는 양극화가 일어나게 된다는 것이다. 마르크스는 노동자가 자신의 모든 노력을 들여 생산한 생산품의 이윤에서 배제되는 것과 분업으로 인해 생산의 전체적인 과정에서 배제됨으로써 마치 기계의 부품처럼 일하게 되는 것을 '착취'와 '소외'라는 개념으로 설명했다.

그래서 그는 자유롭고 평등한 프롤레타리아들이 공동의 계획안에서 각자의 능력에 따라 일하고 필요한 만큼 분배받는 노동자의 천국, 즉 공산주의 유토피아를 꿈꾸었다. 이를 위해 기존의 브루조아 중심의 사회제도와 문화는 폭력적인 혁명으로 전복되어야 한다고 주장했다.

전복되어야 할 시스템으로 지목된 몇 가지 예를 살펴보자. 우선 브루조아 사회에서 교육이란 엄청난 수의 사람들을 자본주의 체제 유지를 위한 기계로 양성하는 수단에 불과하므로 자녀 세대를 지배계급인 브루조아의 교육에서 떼어 놓는 것이 중요하다고 했다. 이에 교육은 탁아소로부터 대학에 이르기까지 국가가 전적으로 맡아서 공산주의 사상에 적합한 인간으로 양성하는 것을 목표로 해야 한다고 주장했다. 또한 일부일처로 이루어진 가족관계도 안정된 출산을 통해 지속적으로 노동자를 필요로 하는 브루조아 경제 사회를 유지시켜 주기 위한 제도일 뿐이므로, 여성을 출산과 육아로부터 해방시켜주고 전통적인 가족제도도 폐지해야 한다고 했다.

이 외에도 서구 법철학의 토대가 되는 자연법사상 역시 브루조아의 생산관계와 소유관계를 정당화시키려는 수단에 불과한 것이라고 했으며, 공산주의가 이루어 줄 노동자들의 유토피아라는 이상향 속에서 조국이나 국적같은 것은 아무런 의미가 없다고도 했다.

무엇보다 공산주의는 영원한 진리를 철폐한다고 선언했다. 지금까지 서구 문명권에서는 자유, 정의 같은 보편적이고 영원한 진리가 있다고 믿어 왔고, 그것을 지키기 위한 보루로써 종교가 자리매김해 왔다. 하지만 공산주의는 이런 개념들을 인간 사회에서 완전히 없애 버리고자 했다. 인간의 본능과도 같은 소유 관계를 단절케 한 공산주의가 오랜 인간 역사의 발전과정에서 전승되어 온 종교나 도덕과의 단절을 이야기하는 것은 놀랄만한 일이 아닐지 모른다.

마르크스는 공산주의가 실현되면 프롤레타리아 계급은 자신의 정치적 지배권을 이용하여 차츰 브루조아에게서 모든 자본을 빼앗고, 모든 생산 도구를 프롤레타리아로 구성된 국가의 수중에 귀속시킬 것이라 예상했다. 그리고 그렇게 구성된 프롤레타리아의 국가는 계급으로서 그들 자신의 지배까지 폐지한 뒤, 결국 평등하고 아름다운 공동체 속에서 모든 개인이 스스로의 진보를 이루어 갈 세상이 오게 될 것이라고 주장했다.

그러나 현실은 그의 예상대로 되지 않았다.

소련의 붕괴가 있었던 1991년은 역사상 가장 충격적인 해 중 하나일 것이다.

1917년 레닌이 러시아 모스크바의 붉은 광장에 공산주의 혁명의 깃발을 꽂은 후, 70여 년이 넘도록 공산주의는 건재해 보였다. 러시아와 국경을 마주 대고 있던 동유럽과 중앙아시아의 여러 나라가 공산주의 러시아의 위성국가로 전락하여 소비에트 연합(소련)의 일원이 되었고, 이렇게 거대해진 소련은 칼 마르크스가 주창하고 레닌과 스탈린이 실행에 옮겼던 공산주의 사상을 전 세계로 수출하기 위해 노력했다. 이렇게 해서 20세기 초반을 풍미했던 공산주의는 러시아뿐 아니라 아시아로 넘어와 중국, 그리고 극동의 한반도의 반쪽인 북한까지 붉은 색으로 물들였다.

그런데 1991년 공산주의 종주국 소련이 갑자기 몰락해버린 것이다. 소련의 붕괴로 소련의 영향력 아래에 있던 위성 국가들은 독립을 맞이하게 되었으며, 20세기 세계 양대 절대 강자인 자유민주주의 미국과 공산주의 소련간의 체제 경쟁, 냉전(Cold War)은 그렇게 종식되었다.

이후 많은 사람은 20세기의 이데올로기 경쟁은 자유민주주의의 승리로 끝났다고 생각했다. 그런데 우리가 사는 21세기에 마르크스의 공산주의 사상이 다시 주목받고 있다. 그 이유는 무엇일까?

그것은 아마도 현재 우리가 마주하고 있는 상황이 과거 마르크스가 공산주의를 처음 주창했던 당시와 매우 비슷하기 때문인 것 같다. 4차 산업혁명 시대에 기술의 발달로 생활은 편리해졌지만, 인공지능과 로봇이 인간의 노동을 대신하게 될 거라는 것이 기정 사실화 되고 많은 사람들이 생존의 불안감을 안고 있다. 1차 산업혁명으로 인간이 기계와의 경쟁에서 처음으로 좌절을 맛보았다면 4차 산업혁명의 현실 속에서 새롭게 '소외'를 경험하게 된 사람들이 이제 다시 마르크스의 이론에서 해답을 찾아보려고 하는 것 같다.

인간 사회에 새로운 패러다임이 필요한 지금, 마르크스의 이야기는 다시금 설득력을 가지게 될까?


## 칼 마르크스(1818-1883)는 누구인가?

칼 마르크스는 철학자이자 정치경제역사 학자, 언론인, 그리고 임금 노동자의 해방을 평생의 사명으로 알았던 혁명가였다.

계몽주의와 자유주의에 영향을 받은 부유한 유태인 법률가 집안에서 자랐으나 유럽의 여러 나라 정부로부터 사회를 위협하는 불순한 인물로 찍혀 평생을 무국적자로 떠돌며 살아야만 했다.

그는 독일에서 철학박사 학위를 받았고 '전체 체계는 그 안에 해체의 싹을 품고 있다'라는 청년헤겔학파의 관점을 지니고 '비판'이라는 방법론으로 철학을 시작하였다. 대학강단에 서고 싶었으나 좌절된 이후, 언론으로 눈을 돌리게 되었는데 특히 1844년 첫 호를 발간한 〈독불연보〉에서 제시한 강령은 그의 철학적 방향성을 잘 보여준다. 그는 "그 결과뿐만 아니라 현존 권력과의 갈등에 대해서도 두려워하지 않는다는 의미에서 기존의 모든 것에 대한 가차 없는 비판"의 필요성을 주장했다.

1844년, 마르크스는 평생의 동지인 프리드리히 엥겔스(1820 - 1895)와 만나게 되었다.

영국 맨체스터의 부유한 방직 공장 소유주의 아들로 태어난 엥겔스는 마르크스와 함께 공산주의 사상을 집대성한 사람이다. 그는 평생 마르크스의 후원자로, 제 2인자임을 기꺼이 인정하며 살았을 뿐 아니라 마르크스 사후에도 마르크스의 저작들을 출판하고 국제노동자운동의 핵심적인 지도자로 활약하였다.

이들은 함께 국제노동자연합을 이끌었으며 [공산당 선언]을 출간하여 지하 비밀결사조직으로 있던 '의인 동맹'을 공식화하였고, 마르크스의 역작이라고 알려진 [자본론]을 함께 집필하고 출간했다. 그런데도 1883년 [공산당 선언]의 독일어판 서문에서 엥겔스는 공산주의의 근본 사상은 오로지 전적으로 마르크스의 것이며, 이 사실은 시간이 흘러도 변함없이 없다는 점을 분명히 해 두고자 했다.

또한 엥겔스는 1888년 [공산당 선언]의 영어판 서문에서도 "내 견해로 다윈의 이론이 자연과학을 위해 발판을 세운 것과 같이 마르크스는 역사학을 위한 발전의 기초를 닦을 소명을 받은 것 같다."라고 하였다. 엥겔스는 공산주의의 창시자인 마르크스가 진화론을 통해 인본주의의 아버지로 추앙받게 된 다윈과 견줄 만큼 훌륭한 업적을 이뤘다고 평가하고 싶었던 것 같다.

마르크스의 비문에는 "지금까지 철학자들은 세계를 여러 가지 각도에서 해석하는 일에만 열중했다. 그러나 문제의 핵심은 세계를 변혁하는 일이다."라고 쓰여 있다. 마르크스는 프롤레타리아 혁명의 아버지답게 일평생 자신의 철학을 현실화시키기 위해 헌신했는데, 그가 뿌린 사상의 씨앗은 그가 죽은 지 200년이 넘은 지금 새로운 싹이 되어 온 세상에서 다시 돋아나고 있다.

## 마르크스는 왜 프롤레타리아 문제를 파고들게 되었나?

마르크스가 살던 시대는 그야말로 '혁명의 시대'라고 불릴 만했다.

대표적으로 프랑스에서는 1789년부터 10년간 프랑스 대혁명의 시기를 거쳤다. 자유, 소유권, 저항권, 안전을 요구하는 시민적 정치혁명이었지만 결과적으로 서로 다른 정치세력을 단두대의 이슬로 보내 버리는 피의 숙청이 이루어진 시간이었다. 그 이후로 1830년 7월 혁명, 1848년 2월과 6월 혁명, 1871년 파리 꼼뮌에 이르기까지 프랑스는 근대 자본주의로 이행하며 시민들의 정치의식이 폭발적으로 성장하는 시기를 거쳤다. 이러한 프랑스 혁명의 영향이 프랑스 내부에만 머무르지 않았으리라는 것은 쉽게 짐작할 수 있다.

영국에서는 산업혁명으로 상업과 무역이 급격히 늘어났지만 동시에 인

고전이 알려주는 생각의 기원

간이 기계에 밀려나는 시대를 맞이했다. 그리하여 산업화와 자동화에 반대하여 섬유 기계를 파괴하는 급진적인 러다이트(Luddite) 운동이 일어났다. 또한 폭력적인 투쟁에 한계를 느낀 노동계가 합법적인 테두리 내에서 노동 운동을 하는 것이 더 효과적이라고 판단하면서 투표권 쟁취를 통해 의회 민주주의 투쟁을 벌였는데, 이를 차티스트 운동(Chartism)이라 부른다. 그리고 이러한 노동계의 투쟁과 호소는 당시 지식인들로부터도 많은 호응을 얻었다.

이러한 상황에서 마르크스는 노동계의 현실[11]을 직면하게 된다.

1800년대 당시, 영국의 여러 산업현장에서는 아무런 법적인 보호나 제한이 없는 노동이 이루어졌다. 공장제 노동이 시작되던 이때 아이들과 여성은 성인 남성들의 부족한 노동력의 빈틈을 메우기 위해 형편없는 대가를 받고 곳곳에 투입되었다.

아이들은 고사리같이 작은 손이 필요한 레이스, 성냥 공장 등에서, 여성들은 큰 힘이 필요하지 않는 빵 공장, 의류 재봉 공장, 벽지와 도자기 공장 등에서 하루에 10시간에서 15시간씩이나 되는 장시간의 노동에 시달렸다. 그런데도 이들에게 주어진 식사시간과 휴식시간은 하루에 한 두 시간도 채 되지 않고, 때로는 며칠씩 잠도 자지 못하고 노동했다고 하니 상황이 얼마나 비참했을지 상상할 수 있을 것이다. 이들 대부분은 열악한 환경 속에서 과로와 영양실조 그리고 폐 질환 등에 시달렸으며, 결국 조기 사망에 이르는 경우도 많았다고 한다.

이런 부조리한 현실을 본 마르크스는 노동자들의 생활여건을 향상시키기 위해서는 약간의 개선이 아니라 기존의 사회체제를 완전히 뒤집어엎는 혁명이 필요하다고 생각했다. 자신의 공산주의 사상은 단순히 철학적 사유에 머무르는 것이 아니라 폭력적인 힘을 가지고 변혁하는 것이어야만 한다고 믿었다.

1833년, 영국 의회는 4개 공업부문에서 13~18세 아동의 노동시간을 하루 12시간으로 제한했으나 실효를 거두지는 못했다. 공장주들이 다양한 편법을 동원해 법망을 피해갔기 때문이다. 결국 그로부터 56년이 지난 1889년에야 비로소 파리노동자회의에서 하루 8시간 근무제를 획득하게 된다.

이는 "양도할 수 없는 인권"이라는 화려한 수사대신 법적으로 제한된 노동시간이라는 실질적인 기준을 마련하는 가운데, 노동자로서의 시간은 언제 끝나며 자기 자신으로서의 시간은 언제 시작되는가를 명확하게 밝혀주는 첫걸음이 되었다. 그리고 이 모든 변화의 중심에 마르크스가 서 있었다.

## 정체를 밝혀라! 공산주의 세계관

이처럼 칼 마르크스의 세계관인 공산주의가 나타난 시대적 배경을 보면, 왜 이 사상이 그렇게 당시 많은 사람들에게 호소력을 가질 수 있었는지 이해할 수 있다. 그런데도 그의 유토피아적 공산주의가 현실에서 실패할 수 밖에 없었던 이유는 무엇이었을까? 답은 의외로 간단한 곳에서 찾을 수 있다.

바로 "인간에 대한 이해"에서 말이다.

사회주의를 포함하는 공산주의, 좀 더 포괄적으로 말해 공산주의 세계관에서는 어떤 인간관을 가졌기에 그 같은 결과를 가져오게 되었을까?

고전이 알려주는 생각의 기원

### 첫째, 인간은 어떤 존재일까?

공산주의 세계관과 진화론적 세계관은 유사한 인간관을 표방하고 있다. 두 세계관 모두 인간을 오직 물질적인 존재로만 보고, 정신은 그 물질의 진화 과정에서 발생하는 부산물에 불과하다고 주장한다. 그리고 인간에게 영혼이 있다고 믿는 성경적 세계관에 적대적이라는 측면도 공통점이다.

특히 공산주의 세계관에서 인간의 의식은 생산력, 생산 관계와 같은 경제적인 하부 구조에 종속해서 진화하게 되는데 이와 같은 진화의 과정에서 나타나는 것이 계급의식이다. 따라서 급속한 경제 발전을 이룬 근대 자본주의 사회의 인간은 노동자인 프롤레타리아 계급과 자본가인 브루조아 계급으로 나눠지며 각각의 계급의식을 발전시켜 나가게 되는 것이다. 그리고 필연적으로 이 두 계급은 서로 갈등과 대립을 거듭하며 극단으로 치닫게 된다.

공산주의 세계관에서 브루조아는 탐욕의 노예이며 프롤레타리아를 착취하는 것으로 그 탐욕을 충족시키는 악한 존재이기에 반드시 소멸하여야만 한다. 반면 프롤레타리아는 팔 것이라고는 자신의 몸과 시간밖에는 없는 불쌍하고 착한 존재이며 브루조아가 만들어 놓은 사회구조 안에서 희생만 강요당하는 수동적인 존재이다. 그래서 이러한 프롤레타리아는 반드시 기득권자들과 기존의 모든 사회구조로부터의 구원과 해방이 필요하다.

### 둘째, 인간 사회에서 문제의 원인은 무엇일까?

공산주의 세계관에서 인간의 역사는 곧 '계급투쟁의 역사'이다. 어느 시대나 투쟁의 한쪽에는 가해자(억압하는 자)가 있고 다른 한쪽에는 피해자(억압당하는 자)가 있는데, 이 두 계급 간의 권력다툼이 바로 인간의 역사라는 말이다. 그리고 이 세상의 모든 문제는 이러한 두 계급 간의 갈등과 대립의 결과로 나타나는 것이다.

마르크스는 당대 모든 사회의 악은 브루조아와 프롤레타리아 간의 갈등과 대립에서 발생한 착취와 인간소외 문제에서 비롯되었다고 생각했다. 오직 경제적인 부와 소유의 문제에 집중했던 것이다. 그런데 마르크스주의에서 파생된 후대의 사상들은 공산주의 세계관이 제공하는 가해자와 피해자, 강자와 약자라는 이분법적 해석의 틀을 가지고 경제뿐만 아니라 다양한 사회, 문화적인 병리 현상을 설명하고 있다.

예를 들어 급진적 페미니스트들은 역사를 가해자인 남자와 피해자인 여자 간의 계급투쟁으로 해석한다. 태초의 계급투쟁이 가정 안에서 남자인 남편과 여자인 아내 사이에서 일어났으며, 지금까지의 역사는 힘이 센 남편의 억압으로부터 힘이 약한 아내를 해방시키기 위해 싸워 온 역사로 설명한다. 그리고 그 싸움은 지금까지도 계속되고 있으니 만국의 여성들이여 단결하여 해방을 위해 싸우자고 말한다.

또한 일부 동성애 옹호자들은 역사를 가해자인 다수의 이성애자와 피해자인 성소수자 간의 계급투쟁의 역사로 설명한다. 그리고 과거로부터 현재에 이르기까지 동성애자들이 얼마나 억압받아 왔는지를 조명하며 이제는 이성애자들의 억압에서 벗어나 성소수자들도 해방되어야 한다고 주장한다.

### 셋째, 인간 사회의 문제는 어떻게 해결할 수 있을까?

공산주의 세계관은 지금까지의 피해자들이 힘을 길러 그 힘으로 가해자를 누르고 승리와 해방을 쟁취하면 이 세상의 악과 고통의 문제도 해결된다고 보았다. 또한 이 과정에서 '폭력'은 필연적으로 동원될 수밖에 없다고 주장하기도 했다.

마르크스에 따르면 경제적 약자인 노동자가 자본가에 맞서 그들의 기득권을 폭력적인 힘의 혁명을 통해 빼앗고 나면, 노동자 계급을 대리하여 지배권을 갖는 공산당 독재가 이루어질 것이라고 했다. 그리고 마침내 그마저도 사라지고 노동자의 천국, 즉 모두가 평등하고 행복한 공산주의 유토피아가 도래하리라 전망하였다.

마르크스는 공산주의 사회체제 아래에서 사유재산제가 폐지되면, 자본가는 어쩔 수 없이 탐욕에서 해방되고 노동자는 자본가의 경제적 착취에서 해방될 것이므로 이러한 상태야말로 진정한 의미에서의 민주주의이자 인간 해방이라고 역설하였다. 더욱이, 공산주의 사회에서는 노동자가 자신의 능력과 소질에 따라 일하고, 전체 노동의 과정을 다 이해하며, 자신이 필요한 만큼 생산물을 가져갈 수 있으니 인간이 소외되는 일도 결코 없을 것이라고도 했다.

그런데 과연 그러한가?

일단 마르크스는 노동자는 선한 존재이며 자본가와 달리 탐욕의 노예가 아닐 것이라고 가정했다. 또한 공산주의 세계관이 제시한 유토피아가 실현되기 위해서 자신의 소질과 사회의 필요를 조화시킬 수 있는 새로운 인간들이 출현할 수 있다고 기대했다. 즉 완전한 공산주의 사회가 되기 위해서는 노동자 계급이라는 한 무리의 사람들이 교육을 통해 한 사람도 예외 없이 선하고 능력있는 존재로 거듭나야 하는 셈이다.

그러나 현실에서는 개별 노동자 모두가 선한 사람이 될 수 없고, 공산주의식 교육만으로 인간이 탐욕과 이기심이라는 본성을 초월하는 새로운 존재로 거듭날 수 없다. 또한 개인의 자질과 공동체의 수요와 공급이 완벽한 조화를 이루는 사회 역시 존재할 수 없으며, 공산주의 유토피아를 장담했던 곳에서 오히려 개인의 인권과 존엄이 무너지고 집단과 계급의 이익만을 추구하는 전체주의가 나타났다.

마르크스는 자본주의 사회가 극심한 계급 갈등을 이겨내지 못하고 결국 혁명으로 전복될 것이라고 예언했지만, 자본주의 사회는 지속적이고 자발적인 개선을 통해 아직까지 건재하다.

## 성경은 무엇이라 말하는가?

15 그들에게 이르시되 삼가 모든 탐심을 물리치라 사람의 생명이 그 소유의 넉넉한 데 있지 아니하니라 하시고 16 또 비유로 그들에게 말하여 이르시되 한 부자가 그 밭에 소출이 풍성하매 17 심중에 생각하여 이르되 내가 곡식 쌓아 둘 곳이 없으니 어찌할까 하고 18 또 이르되 내가 이렇게 하리라 내 곳간을 헐고 더 크게 짓고 내 모든 곡식과 물건을 거기 쌓아 두리라 19 또 내가 내 영혼에게 이르되 영혼아 여러 해 쓸 물건을 많이 쌓아 두었으니 평안히 쉬고 먹고 마시고 즐거워하자 하리라 하되 20 하나님은 이르시되 어리석은 자여 오늘 밤에 네 영혼을 도로 찾으리니 그러면 네 준비한 것이 누구의 것이 되겠느냐 하셨으니 21 자기를 위하여 재물을 쌓아 두고 하나님께 대하여 부요하지 못한 자가 이와 같으니라

| 누가복음 12:15-21 |

마르크스는 "종교는 민중의 아편"이라고 말했다. 프롤레타리아 혁명의 불꽃이 타오르기 위해서는 노동자의 마음속에 자본가에 대한 분노가 끓어올라야 한다. 계급 갈등과 대립이 극에 달해야 궁극적으로 마르크스가 기대했던 혁명이 시작될 수 있기 때문이다. 여기에 서구의 기독교는 이런 혁명의 불씨에 찬물을 끼얹는 역할을 했다.

기독교에서 모든 인간은 다 죄인이라고 말한다. 자본가만 악한 본성을 가진 것이 아니라 노동자들도 똑같다는 말이다. 그러니 노동자의 연합체인 공산주의 유토피아 역시 죄인들의 집합체에 불과할 것으로 예상한다.

또한 권위에 순종하라고 이야기하며 악을 선으로 갚으라고, 이웃을 사랑하라고 말한다. 이러한 교리는 노동자들이 자본가에게 순종하고 인내할 뿐 아니라 그들을 사랑해야 한다고 가르친다. 그리고 이 세상은 지나가는 나그네길과 같으니 궁극적으로 천국에서 맛볼 영원한 행복을 기대하며 기다리라고 한다. 이 얼마나 반혁명적인 말인가? 마르크스의 입장에서 기독교는 그 어떤 것 보다 반혁명적인 세력으로 비쳤다.

무엇보다도 기독교는 인간을 오직 가해자와 피해자라고만 이름 붙이고 이분법적으로 나누는 공산주의 세계관에 동의하지 않는다. 성경은 훨씬 더 다양한 관점으로 사람들을 바라보며 때때로 세상에서 해석하는 것과 완전히 다르게 사람들을 이해한다.

마르크스가 오직 물질적인 소유의 많고 적음에 따라 사람들을 나누고 그들의 행복과 불행을 재단했던 것과는 달리, 예수님은 마음이라는 눈에 보이지 않는 기준을 제시하셨다. 그뿐만 아니라 성경은 곳곳에서 사람을 바라보는 다양한 관점을 제시하고 있다. 스스로 빛을 발하는 자, 짠 맛을 잃어버린 소금 같은 자, 삶에서 좋은 열매를 맺는 자와 그렇지 못한 자, 반석 위에 집을 지은 지혜로운 자와 어리석은 자 등등. 이러한 분류의 과정들을 통해 성경은 이 세상에서의 삶뿐만 아니라 천국에서의 삶까지를 종합적으로 고려해 하나님의 자녀는 어떠한 사람들인지를 보여주고 있다.

성경은 인간에 대해 누구도 예외 없이 죄성을 가지고 있는 존재이지만, 동시에 아름답고 다양한 측면이 어우러져 하나의 인격을 형성하고 있는 고유하고 존엄한 존재라고 말한다. 창세기 1장에 나온 "인간이 하나님의 형상으로 창조되었다"라는 말씀이 얼마나 크고 놀라운 선언인지, 어느 누구도 죽을 때까지 애쓰고 노력해도 그 의미를 다 깨달을 수는 없을 것이다.

이 세상 문제에 대한 성경의 해결책은 서로 화목하고 사랑하고 용서하는 것이다. 서로를 돈이나 권력과 같은 세상의 기준으로 편 가르지 말고, 눈에 보이지 않는 영적인 세계가 제시하는 기준에 서로가 함께 맞추어 갈 수 있도록 도와야 한다. 다 함께 예수 그리스도의 모습이라는 한 가지 절대적인 기준에 맞추어 가려고 노력하는 것, 그것이 개개인이 추구할 목표인 동시에 교회와 사회 공동체가 착취와 소외 없이 함께 살아갈 방법이라고 한다.

## 현실 속에 나타난 공산주의 세계관의 영향

사실 공산주의 사상의 원조라고 할 수 있는 사람은 고대 그리스의 위대한 철학자 플라톤일 것이다. 그의 [국가]라는 책은 가장 이상적인 국가의 모습으로 지혜로운 철인(철학자)에 의한 통치를 그리고 있다. 이 책에서 플라톤은 수호자 또는 통치자들은 특별히 우월한 유전자를 가진 남녀 간의 성관계를 통해서 태어나게 해야 하고, 부모가 아닌 국가의 양육을 받으며, 아내와 자녀를 공유함으로써 사심 없이 나라를 위해 헌신할 수 있도록 교육해야 한다고 하였다.

마르크스는 플라톤에게서 힌트를 얻어 통치자 계급에만 적용되던 원칙들을 전체 노동자들에게로 확대 적용하여 유토피아적 공산주의 국가를 만들 생각을 했던 것 같다. 사심을 없애기 위해 부모나 가족 같은 혈연집단과의 인연은 끊은 채 오직 공동체를 위해 헌신하며 소중한 것들을 다 같이 나누는 사람들로 이루어진 이상적인 국가 말이다.

사실 이런 것은 상식적으로 사고하는 사람들이라면 거부감을 느낄만한 주장들이다. 그런데도 마르크스가 주창한 공산주의 이론은 저절로 고개가 끄덕여질 만큼 설득력이 있기도 하고, 어떻게 역사상 전례가 없었던 유토피아에 대한 이상을 현실에서 실현해 볼 생각을 했는지 그 대범함이 놀랍기도 하다.

그러나 마르크스의 공산주의 이론이 그저 이론으로만 머무르지 않고 현실에 적용되었을 때 나타난 결과는 참혹했다. 혁명을 도구로 한 사회 전복을 내세운 공산주의로 인해 지구상에서 거의 1억 명이 넘는 사람들이 자국의 공산당 정권에 의해 죽임을 당한 것이다. 그저 '불행한 시대였다'라고 치부해버리기엔 너무나도 끔찍한 역사이다.

공산주의 국가의 특징은 첫째로 자본가 계급의 사람들을 숙청하고, 그들의 재산을 빼앗아 국가의 소유로 만드는 것이다. 그와 동시에 공산주의 사상에 가장 큰 걸림돌이 되는 종교인들, 특히 유일신 사상을 믿는 사람들을 제거한다.

대표적으로 레닌과 스탈린의 구소련과 마오저뚱의 중국 공산당은 자본가뿐만 아니라 많은 지식인들을 노동자의 적으로 간주하여, 그들을 숙청하거나 시베리아나 중국 내륙지방과 같이 사람이 살기 어려운 열악한 지역으로 추방하였다. 특히 중국 공산당은 문화혁명이라는 미명 아래 어린 청소년들을 홍위병으로 내세워 부모와 스승을 직접 죽이게 했다고 한다. 전통적 권위를 파괴하는 법을 가르치기 위해 그런 패륜까지도 저지르게 했다고 하니 더 할 말이 없다.

이 외에도 캄보디아의 크메르루즈 역시 약 200만 명의 자국민을 학살했다. 그들의 리더들은 모두 당시 캄보디아에서는 보기 드문 프랑스 유학파 지식인들이었다고 한다. 아마도 유럽에서 공산주의 사상을 배워 왔을 것이다. 그들은 국내 상황을 안정화하기 위한 수단으로 공산주의를 내세우며 고등 교육을 받은 국민을 노동자의 적으로 지목한 뒤 대량 학살을 자행했다. 지금도 캄보디아의 수도 프놈펜에는 당시의 현장을 킬링 필드(Killing Field)라고 부르며, 무수히 많은 해골과 뼛조각들을 탑 속에 쌓아 보존하고 있다. 절대로 이 역사를 잊지 말자는 의미일 것이다.

1945년 일제 식민지에서 해방된 한반도의 38도선 북쪽에서도 공산주의 실험이 진행되었다. 소련의 지지를 등에 업고 북한을 장악한 김일성은 자신의 정적들을 공산당 이념에 어긋난다는 이유로 숙청했고, 특히 기독교인들은 공산당이 아닌 하나님을 믿는다는 이유로 죽이거나 정치범 수용소로 보냈다. 심지어 김일성 일가를 신격화하면서 지금까지도 3대째 세습 체제를 유지하고 있다.

이처럼 노동자를 해방시키고 노동자들의 천국을 만들어 주겠다고 약속했던 공산주의 사상은 노동자를 해방시키기는커녕 국민 전체를 공산당과 공산주의 국가의 노예로 만들었다. 국가가 모든 생산수단을 소유하고 국가의 계획에 따라 배급하는 경제 체제 아래에서 개인은 일할 의욕과 창의력을 상실하게 되었고, 그 결과 빈곤의 굴레에서 벗어나지 못하게 되었다. 인간에게 종교를 금지하고 오직 공산당과 국가를 믿고 의지하면 천국이 올 것이라 했지만 사람들의 영혼은 더욱 피폐해져 갔고 지옥 같은 현실은 일상이 되고 말았다.

한편 마르크스가 노동자의 해방을 외치던 시절, 그는 '양도할 수 없는 권리'라는 말만 번지르르한 인권이 아니라 진짜 인권을 주겠노라고 약속했다. 그러나 그는 인권의 기원이 하나님으로부터 시작되었다는 것을 인정하지 않았다. 그는 공산당이 모든 사람에게 평등한 권리를 나누어 줄 수 있을 것이라고 생각했지만, 위에서 볼 수 있듯이 공산주의가 들어간 나라에서는 예외 없이 어떤 한 부류의 사람들은 인권의 대상에서 제외되었다. 자본가와 지식인과 신앙을 가진 사람들 말이다. 한 사회의 누군가는 반드시 배제되어야만 하는 인권이 과연 진짜 인권이라고 할 수 있을까?

1948년 유엔은 세계인권선언을 통해 모든 인간에게 하늘이 부여한 천부인권 즉 인간이 아닌 하늘이 부여한 '양도할 수 없는' 진짜 인권이 있음을 전 세계에 선포했다. 이 선언에서는 결핍으로부터 해방되어 생명과 재산을 지키고 법 앞에 평등하며 양심의 자유에 따라 행동할 수 있고 교육받을 수 있는 권리를 누리는 등 인간의 존엄성을 지키기 위한 기본권들을 규정하고 있다. 이후 세계는 진정한 인권이 현실에서 구체화될 수 있도록 많은 노력을 기울였고 상당한 성과를 거두어 왔다.

그런데 21세기 들어서면서 또다시 인권의 의미에서 '천부인권' 개념이 사라지는 현상이 나타나고 있다. 소위 신마르크스주의(네오-막시즘, Neo-Marxism) 또는 문화적 공산주의라는 이름으로 말이다. 이것은 세계인권선언이 말하는 기본권의 보장이 어느 정도 이루어진 선진국에서 먼저 시작된 현상으로 아동이나 여성 등 사회에서 피해자 또는 약자라고 생각되는 사람들을 대상으로 하는 영역에서 주로 나타나고 있다.

앞서 언급했던 급진적 페미니스트들의 경우, 이 세상의 구조가 남자와 여자로 되어 있는 것 자체가 문제라고 말한다. 신이 정해주는 '생물학적인 성 (Sex) – 남성과 여성'이 존재한다는 사실에서부터 모든 차별과 불평등이 시작된다는 것이다. 그러니 이제부터는 태어날 때 남자 혹은 여자라고 정해지는 생물학적인 성은 없다고 치고, 사회적으로 만들어지는 성인 '젠더 (Gender)'를 자신의 진짜 성별로 정하자고 주장한다. 그로 인해 이미 서구 사회에서는 많은 사람들이 자신이 남자인지 여자인지 헷갈려 하는 정체성의 위기를 직면하면서 서서히 그들의 삶이 병들어 가고 있음을 보게 된다.

원래 페미니즘은 여성들에게 참정권을 부여하고 교육권을 통해 자기개발과 자아실현을 이루는 등 기본권을 보장하고자 시작되었다. 하지만 마르크스주의의 영향을 받으면서 남성을 적대시하고 오직 여성의 권리만을 외치는 급진적 페미니즘으로 나아가더니, 이제는 남성이나 여성이라는 성별 구분 자체를 없애 버리고 각자 원하는 성별을 선택할 수 있게 하자는 젠더 이데올로기로 진화하고 있는 것이다.

요즘 아이들이 생활하는 학교는 어떠한가? 윗사람이 부당한 힘으로 아랫사람을 억누른다는 의미를 지닌 권위주의를 타파한다는 미명 아래 마땅히 존중하고 지켜주어야 할 권위마저 파괴되어가고 있는 상황이 심각한 수준이다. 학생들에게 행해지는 인권 교육이라는 것이 학생으로서 마땅히 행해야 할 책임이나 의무보다는 권리를 강조하는 방식으로 이루어지고 있다.

일례로 '임신과 출산'으로 차별받지 않는다는 내용을 포함하고 있는 학생인권조례를 만들었더니 중고등학생들이 '섹스할 권리'를 주장하는 일이 벌어졌다. 학생인권조례의 취지는 그것이 아닐 텐데 아이들은 미성년자들도 성인과 똑같이 행동해도 좋을 자유를 가지는 것이 자신들의 인권이며 권리라고 잘못 생각하고 있는 것 같다.

이제는 선생님들이 수업시간에 잠자고 있는 학생들을 깨울 수 없다. 자칫 잘못하면 학생의 인권을 침해한 행위로 고발당할 수 있기 때문이다. 지성의 상아탑이라고 하는 대학도 예외는 아니다. 학생들은 더 이상 교수들을 권위있는 스승으로, 존경의 대상으로 보지 않고 자신들이 낸 등록금으로 살아가는 일반적인 노동자의 한 부류일 뿐이라고 생각한다.

이런 현상은 은연중에 우리 사회 구석구석에 자리 잡은 공산주의 세계관의 영향을 잘 보여주는 사례들이다. 기존의 권위를 무조건 악한 것으로 보고 무너뜨려야 한다는 믿음, 그리고 개인의 고유한 능력, 책임과 의무, 지위와 상황 등은 제쳐두고 '평등은 무조건 좋은 것'이라는 생각들이 남편과 아내, 부모와 자녀, 스승과 제자라는 아름다운 질서와 권위의 관계를 해체시키고 있는 것이다. 경제적인 측면에서 공산주의는 이미 망했지만 공산주의 세계관은 여전히 우리 사회와 문화에 큰 영향력을 끼치고 있다.

### 다시 우리와 우리 아이들의 이슈로

# 수저 논리, 편 가르기,
# 평등에 대한 오해

인간이란 존재는 뭔가 관심이 집중되는 것이 생기면 그것을 기준으로 이쪽과 저쪽을 나누는 데 매우 익숙한 것 같다. 아이들의 노는 모습을 봐도 그렇고 특정 사건이 터질 때마다 반응하는 어른들의 모습을 봐도 그렇다. 그렇다면 이 시대를 사는 우리와 우리 아이들의 관심은 어디에 있을까? 유일한 관심사는 아니겠지만 꽤 높은 순위의 관심사는 단연 돈이 아닐까 싶다.

한번 생각해 보자. 아이들의 꿈은 대부분 돈을 많이 버는 것과 관련이 있다. 만일 크리에이터가 재미는 있지만 돈을 못 버는 직업이었다면 지금처럼 많은 아이들이 크리에이터가 되는 것이 꿈이라고 이야기할까? 어른들은 어떤가. 돈이 있나 없나? 돈이 되나 안 되나? 이 두 가지 질문을 자신이나 남에게 일주일 동안 한 번도 하지 않고 지나간 적이 얼마나 있는가?

사실 돈이 곧 힘이자 권력으로 느껴지는 시대가 되면서 돈을 향한 사람

고전이 알려주는 생각의 기원

들의 관심은 계속 커져 왔다. 그리고 그렇게 사람들의 관심이 집중되자 돈은 사람들 안에서 더욱 강력한 힘을 발휘하고 있다. 예를 들어 많은 사람이 부모의 재력을 근거로 자신의 현재를 해석하고 미래를 예측하는데 거침이 없다. 또한 지역 사회는 돈이 있는 사람과 없는 사람으로 나뉘어 정책마다 이슈마다 대립각을 세우고 있다.

한편 아이들은 경제적 불평등에 대한 뉴스가 매일 같이 쏟아져 나오는 환경에서 자라나면서 평등이란 개념을 '그냥' 좋아하게 된 듯하다. "다른 친구와 평등하게 대해 달라", "어른들과 평등하게 대해 달라"고 말하는 청소년들을 자주 만나게 되니 말이다. 하지만 정작 그 친구들에게 구체적으로 어떤 평등을 원하는 것인지 물으면 "무조건 다 똑같이 대우받는 것이 좋다"라는 대답만 할 뿐이다.

지금부터 돈에 대한 지나친 관심, 편 가르기 그리고 공산주의와 평등이 무엇인지 정확히 알지 못한 채 평등을 좋아하게 된 세대 등 최근 대두되는 문제들을 어떻게 다룰 수 있을지 세계관의 관점에서 살펴보자. 동시에 우리는 어떤 세계관을 가졌는지 확인해보자. 당신은 경제적 차이 자체를 나쁘다고 봄으로써 이를 없애는 방법에 집중한 공산주의 세계관을 가지고 있는가, 아니면 경제적 차이가 있을 수 있음을 인정하고 선으로 이를 최대한 극복할 방법을 찾는 성경적 세계관을 가지고 있는가?

## 수저 논리 – 무엇보다 중요해진 소유의 문제

### 돈에 대한 과도한 관심, 돈에 내어 준 자리

돈은 분명 중요하다. 지금 이 시대에는 돈의 많고 적음이 사람들이 누릴 수 있는 것의 양과 질을 크게 좌우하기 때문이다. 현대인 대부분이 돈의 힘을 눈으로 보고 피부로 느끼고 있다고 해도 과언이 아닐 것이다. 그래서인지 오늘날 대다수 사람들은 돈에 관심이 많으며 돈의 능력을 신뢰한다. 돈이 많으면 당장 편안함을 누릴 수 있을 뿐만 아니라 앞으로도 탄탄대로의 삶이 있을 것이라 생각하는 반면, 돈이 없으면 현재는 물론 미래에도 크게 나아지지 않을 것이라 생각한다.

하지만 정말 지금 소유한 돈의 정도를 기준으로 이렇게 현재와 미래를 쉽게 단정 지어도 되는 것일까?

사실 위 논리는 공산주의 세계관에서 지지되었다. 공산주의 세계관에서는 자본 소유 정도에 따라 사람을 브루조아와 프롤레타리아로 구분하고 그 구분에 기초해 각 집단의 현재와 미래를 정의했다. 브루조아는 프롤레타리아를 이용해 꾸준히 부를 축적하였고 앞으로도 계속 그럴 것이기 때문에 더욱 잘 살게 될 것이라 주장했다. 반면 프롤레타리아는 브루조아의 착취와 소외로 인해 현재의 비참한 삶이 미래에도 지속될 것이라 단언했다. 그러므로 현재와 다가올 미래의 상황을 바꾸기 위해 혁명이란 방법으로 문제의 원인인 소유 상태를 완전히 뒤집어야 한다고 이야기했다. 이처럼 이전이나 지금이나 공산주의를 따르는 사람들은 자본 소유의 관점에서 문제 원인을 찾고 해결책을 마련하고자 한다.

성경적 세계관 역시 자본의 소유에 대해 다룬다. 하지만 소유를 바라보는 관점은 공산주의 세계관과 차이가 있다. 성경에서도 부자와 가난한 자를 자주 언급한다. 그렇지만 이는 어느 한쪽은 좋고 어느 한쪽은 나쁘다고 단정 짓기 위함이 아니다. 각자 처한 자리에서 믿음으로 바르게 행할 바를 알려주기 위해 실제 삶에서 존재하는 구분을 사용할 뿐이다.

예를 들어 레위기에 나오는 속죄제 제물을 살펴보자. 하나님께서는 속

죄라는 것이 거룩한 삶을 위해 꼭 필요한 것이므로 누구나 속죄함을 받을 수 있도록 사람들의 경제적 상황을 구분하여 부자에게는 소를, 가난한 자에게는 비둘기나 고운 가루를 형편대로 드리라고 말씀하신다.

디모데전서 6장 17절에는 "네가 이 세대에서 부한 자들을 명하여 마음을 높이지 말고 정함이 없는 재물에 소망을 두지 말고 오직 우리에게 모든 것을 후히 주사 누리게 하시는 하나님께 두며 선을 행하고 선한 사업을 많이 하고 나누어 주기를 좋아하며 너그러운 자가 되게 하라"라는 구절이 있다. 여기에서 역시 '부한 자들'이라는 구분이 나오는데 이는 부한 자들에게 어떤 마음을 가지고 무엇을 행하는 것이 옳은가를 알려주기 위함이다.

성경적 세계관에서 사람의 미래는 현재 가진 물질적 소유에 기인하여 결정되지 않는다. 미래는 자신이 언제 죽을지 한 치 앞도 모르는 사람이 결코 미루어 짐작할 수 있는 것이 아니다. 아무리 많은 데이터를 수집하고 정교한 공식을 사용한다 해도 사람은 사람의 미래를 정확히 예측할 수 없다. 미래에 대한 영향력이 매우 강력해 보이는 돈을 근거로 삼는다고 해도 말이다. 미래는 오직 하나님의 손 안에 있는 것이다.

따라서 성경적 세계관을 가진 사람들은 물질적 소유에 대한 지나친 관심과 그 힘에 대한 과신에서 벗어나 있으려고 한다. 또한 사람들의 인생을 좌지우지하는 자리에 돈을 놓지도 않는다. 그 자리는 본래 하나님의 자리이기 때문이다.

나에게 들려주신 이야기 ⑦

# 도둑맞았어도 절망하지 않을 수 있었던 이유, 하나님께서 알고 계심

설 연휴를 친정에서 보내고 집으로 돌아왔다. 문을 열고 들어가니 온 집 안이 난장판이 되어 있었다. 여기저기 흩어진 물건에 심하게 휘어진 방범용 창살까지. 도둑이 들었다. 정말 어이가 없었다. 살면서 이보다 힘든 적은 없었다고 할 정도로 힘들 때였는데, 엎친 데 덮친 격으로 도둑까지 맞았다. 신고를 받고 집에 도착한 경찰은 잠깐의 조사를 한 뒤 잃어버린 물건은 아마 못 찾을 거라고 말하고 가버렸다. 그때의 허망함이란. 저녁 내내 혼자 널브러진 물건들을 정리하고 도둑의 발자국을 닦고 하는데 너무 억울해 계속 울었다. 그러다 하나님께 "도대체 내가 뭘 그렇게 잘못했길래 이렇게 힘든 일이 끝도 없이 오는 거냐."고 따지듯 물었다.

그렇게 하루가 지나고 다음 날은 주일이라 교회에 갔다. 나는 정상적인 얼굴로 찬양할 자신이 없어 아들을 따라 유초등부 예배로 갔다. 그날 유초등부 목사님께서 동영상 하나를 틀어 주셨는데 그 영상을 보고 나는 온몸이 굳는 듯했다. 그 영상은 유명한 목사님의 일화를 만화로 만든 것이었는데 대략 이런 내용이었다.

그 목사님은 기차 안에서 지갑과 기차표를 도둑맞는다. 그런데도 당황하지 않고 웃는다. 그러자 옆에 앉아 있던 사람이 "아니 목사님은 지갑과 기차표를 잃어버리셨는데도 어떻게 웃으세요?"라고 묻는다. 그때 그 목사님께서는 밝은 얼굴로 "하나님께서 다 아시니까요. 하나님 아버지께서 저의 이 상황을 다 아시니까요."라고 대답하신다.

이렇게 영상이 끝나고 불이 켜지자 하나님께서 말씀하셨다.

"연임아, 네가 잘못해서 그런 일 생긴 거 아니야. 그래서 그런 거 아니야. 그냥 이 땅에서 누구에게나 일어날 수 있는 일이 너한테 일어난 거야. 너는 어떻게 이런 일이 너한테 일어날 수 있냐고 묻고 싶겠지만 너는 아직 이 땅에 살고 있으니 그런 일이 일어날 수 있어. 네가 나중에 천국에 오면 그런 질문은 안 하게 내가 해 줄게."라고.

나는 "하나님, 모든 사람에게 일어날 수 있는 나쁜 일이 다 저한테도 일어날 수 있는 거라면, 제가 하나님 믿어서 좋은 건 뭐예요? 믿는데 진짜 다른 게 하나도 없는 거에요?"라고 질문했다.

하나님께서 대답하셨다. "다른 게 있지. 내가 알잖아. 연임이 너한테 어떤 일이 일어났는지 내가 알잖아. 그게 다르지." 여기까지 이야기하시고는 오히려 내게 되물으셨다. "연임아, 내가 안다는 것이 너한테 아무런 의미가 없니? 내가 너의 상황을 온전히 안다는 것을 믿게 된 너는 정말 이전과 다른 게 아무것도 없니?

그 순간 나는 생각했다. 나는 믿고 뭐가 달라진 걸까? 하나님께서 나를 안다는 것은 무엇이고 내가 하나님을 안다는 것은 무엇일까? 내가 믿지 않았을 때도 하나님은 나를 아셨을 것이다. 하지만 그때 나는 그 사실을 몰랐다. 그래서 어려움이 닥치면 내가 동원할 수 있는 자원을 모두 끌어모아 문제를 해결하는 데 급급했다. 그래서 내게 소유는 중요했고 뭔가 가진 게 없으면 불안했다.

하지만 지금은 다르다. 하나님 아버지께서 내게 무슨 일이 있었는지 내가 어디에 넘어져 있는지 정확히 아신다는 사실을 알고 있다. 그래서 나는 일단 불안하지 않다. 나를 사랑하시는 선한 하나님 그분이 내가 당한 바로 그 일로부터, 내가 쓰러져있는 바로 그 바닥으로부터 나를 일으키실 것을 믿기 때문이다. 그래 이것이 다른 것이다. 내가 하나님을 안다는 사실. 내가 영원이라는 시간 안에서 내게 늘 가장 좋은 것으로 주고자 하시는 하나님 아버지를 소유했다는 사실이 말이다.

아가서 6장 3절에 "나는 내 사랑하는 자에게 속하였고 내 사랑하는 자는 내게 속하였으며(I am my lover's and my lover is mine)"라는 말씀이 있다. 하나님은 자신이 먼저 당신을 사랑하는 사람의 것이 되어 주시겠다 말씀하시고 그 사람은 자신의 것이라고 말씀하신다.

하나님을 사랑하자. 언제 어떻게 될지 모르는 물질이 아닌 신실한 하나님 아버지를 소유하는 것 그리고 그 아버지의 소유가 되는 것 그것을 바라자.

## 편 가르기 – 내 편이 아니면 잘못된 것이라는 치우친 판단

현대 사회에 뿌리 깊게 자리 잡은 이분법적 사고의 영향인지 사람들은 자연스럽게 편을 나누고, 다른 사람에게도 어느 한 쪽 편을 선택할 것을 요구한다. 그리고 한 쪽 편을 선택하고 나면 여러 이야기를 자신이 선택한 편에 유리하도록 해석하는 경향을 보인다. 아마 정치적 이슈를 이야기하는 사람들의 모습 속에서 이러한 예를 쉽게 떠올려 볼 수 있을 것이다.

아이들의 모습 또한 별반 다르지 않다. 요즘 학교마다 집단 따돌림 문제가 심각한데 따돌리는 이유를 들어보면 그 아이가 그냥 자신과 달라서 싫었다거나 자신과 다른 편에 서서 꼴 보기 싫어 그랬다는 것이다. 자신이 누구를 싫어하는데 함께 싫어하지 않으면 그 친구를 왕따 시키고, 자신이 술을 마시는 데 함께 마시지 않으면 고상한 척 한다고 괴롭히는 식이다.

이러한 편 가르기와 그로 인한 편향성 그리고 상대편에 대한 그치지 않는 판단은 사실 마르크스 세계관의 산물이라 할 수 있다. 근대부터 현대까지 마르크스 세계관을 가진 사람들은 늘 무언가를 기준으로 사람들을 나누고 상대편을 비난해왔다.

서로 미워하고 당을 지어 싸우는 일은 인류 역사에서 언제나 있던 일이지만, 마르크스 세계관에 영향을 받은 사람들이 보이는 특이점은 '가해자와 피해자를 두고 프레임을 만드는 것'이다. 마르크스가 소유의 많고 적음으로 사람들을 나누고 브루조아에 대한 부정적 판단을 계속했던 것과 같이, 이들은 각자의 시대와 상황에 따라 편을 가르는 프레임을 만든 뒤 가해자라 생각되는 쪽을 몰아세운다.

반면 성경적 세계관은 성도들 간의 연합을 강조한다. 힘써 모이고 서로 비난하지 말며 하나 되라고 말한다. 로마서 14장을 보면 교회 안에 나뉜 두 부류의 분파들에게 "믿음이 연약한 자를 너희가 받되 그의 의견을 비판하지 말라", "비판하지 말라 이는 하나님이 그를 받으셨음이라"라고 이야기하며 서로의 장단점, 강약점을 뒤로 하고 형제와 하나 될 것을 강조하고 있다. 물론 이는 근본적으로 교회 공동체에 부여된 말씀이긴 하나, 성경적 세계관을 가진 사람들은 이를 교회 밖에서도 적용하여 지역 사회와 이웃에 더욱 가까이 다가가려 한다.

누가복음 6장 42절에는 "외식하는 자여 먼저 네 눈 속에서 들보를 빼라 그 후에야 네가 밝히 보고 형제의 눈 속에 있는 티를 빼리라"라는 말씀이 있다. 남을 비난하기 전에 자신을 먼저 돌아본 후 상대를 돌이키라는 것이다. 이는 내 잘못이 없는 것이 확인되면 남을 비난해도 좋다는 것이 아니라, '사람은 누구나 하나님 앞에 부족하고 연약함 많은 죄인'이라는 점을 이야기하는 것이다. 이에 성경적 세계관을 가진 사람들은 함부로 누군가를 판단하지 않으려 노력한다. 또한 마태복음 7장 12절 "그러므로 무엇이든지 남에게 대접을 받고자 하는대로 너희도 남을 대접하라 이것이 율법이요 선지자니라"라는 말씀에 따라, 가정에서나 교회에서나 또는 직장과 사회에서 누군가를 대할 때 상대방의 입장과 마음을 헤아리며 그 사람을 대하고 이해하려 한다.

## 손가락을 들 힘조차 없을 때 비로소 멈추게 된 판단

고린도전서 4장 5절 "그러므로 때가 이르기 전 곧 주께서 오시기까지 아무것도 판단하지 말라 그가 어둠에 감추인 것들을 드러내고 마음의 뜻을 나타내시리니 그 때에 각 사람에게 하나님으로부터 칭찬이 있으리라"을 읽었을 때, 나는 어떻게 하면 사람 판단하기를 멈출 수 있는 건지 궁금했다. 누군가를 보면 판단이라는 건 언제나 그냥 자동으로 되어버리는 것 같았기 때문이다.

그런 질문을 던지고 한참 후에 있었던 일이다. 그 날은 어떤 일로 나 자신에게 너무 좌절한 날이었다. 집에 돌아가는 지하철에서 나 자신이 너무 실망스러워 눈물까지 나던 날이었다.

지하철에서 내려 눈물을 닦으며 겨우 집으로 걸어가는데 동네 학부모님들이 햄버거집 앞 바깥 테이블에 모여 앉아 이야기를 나누고 계셨다. 나는 몰골이 너무 말이 아니라 제발 몰라 보길 바라며 슬쩍 지나가려고 했는데 한 엄마가 나를 알아보고 불러 세웠다. 어쩔 수 없이 나는 그 자리에 함께했다. 엄마들은 정말 몰상식하게 행동한 어떤 엄마에 대해 이야기하고 있었다. 다들 한마디씩 거들며 그 엄마의 이상한 행동, 그 엄마와 비슷한 행동을 했던 또 다른 엄마 이야기를 하고 있었다.

그렇게 한참 이야기를 듣고 앉아 있다가 나는 갑자기 뭔가 이상한 기분이 들었다. 내 상태가 너무 이상했다. 평소라면 나도 뭔가 한마디 했을 텐데 그날은 아무 말도 하지 않았다. 엄마들 이야기에 등장하는 누구에 대해서도 판단하는 생각 자체가 들지 않았다.

엄마들과 헤어져 집으로 올라가면서 나는 내가 어떻게 '판단'이라는 걸 하나도 하지 않을 수 있었는지 궁금했다.

그때 하나님께서 알려주셨다. "연임아, 오늘 너는 손가락 들 힘 자체가 없어서 그래. 지금 너는 너의 죄성으로 괴로워 주저앉아 있으니, 누군가를 가리키며 판단하는 손가락을 들 힘 자체가 없는 거지."

그 말씀을 듣고 생각해 보니 누군가를 판단하는 나는 늘 의인의 자리에 있었던 것 같다. 완전한 의인은 아니었을지 몰라도, 늘 어느 정도는 의인이라 생각하며 나는 적어도 판단의 대상이 되는 그 사람 정도는 아니라는 마음을 가졌던 것 같다. 하지만 나는 내가 우리 주 예수 그리스도 없이 의인으로 불릴만한 것이 있는 존재가 아니라는 것을 알고 있다.

그 후로 나는 누군가가 판단되면, 내가 어느새 너무 의인이 되어 있는 게 아닌지를 가장 첫 번째로 묻게 되었다.

오해하지 마라. 분별하지 말라는 말이 아니다. 오히려 우리와 우리 아이들은 반드시 깨어 하나님께서 주신 지성과 지혜로 치열하게 옳고 그름을 분별해야 한다.

다만 분별할 때 스스로는 의인이고 상대는 죄인이라는 프레임 안에서 판단하고 있지는 않은가 꼭 먼저 확인해보자. 치우치지 않은 올바른 판단은 거기서부터 시작될 듯하다.

## 평등에 대한 오해 – 차이는 나쁜 것인가?

경제적 불평등과 부의 편중이 끊임없이 논쟁거리가 되고 있는 가운데 사람들 간의 경제적 차이를 어떻게 바라볼 것인가는 매우 중요한 문제이다. 왜냐하면 경제적 차이를 바라보는 관점에 따라 이를 해결하기 위한 방안 역시 완전히 다르게 제시될 수 있기 때문이다.

최근 경제적 차이를 좋지 않은 것으로 여겨 없애려는 시도들이 몇 가지 눈에 띈다. 그래서 묻게 된다. 정말 경제적 차이, 그 자체가 좋지 않은 것일까? 아니면 경제적 차이를 가지고 사람들이 자신의 욕망대로 하는 일들이 좋지 않은 결과를 가져오는 것일까?

공산주의 세계관에서는 사유재산 철폐, 집단적 배급 체제 등과 같은 대안을 내놓으며 경제적 차이를 없애면 살기 좋은 사회가 될 것이라 이야기한다. 하지만 사람 개개인의 욕망은 간과한다. 마르크스가 주장한 각자 능력만큼 일하고 필요한 만큼 분배받는 유토피아가 되려면, 이기적인 욕망을 철저하고 완벽하게 통제할 수 있는 개개인이 있어야 함에도 말이다. 이는 유토피아를 이루는 것보다 더 비현실적이다. 사람들이 필요한 만큼 가졌다고 해서 더 이상 가지지 않으려고 할 리 만무하기 때문이다.

성경적 세계관에서는 정직한 방법으로 수고하여 축적한 부를 인정하며 의인이 받는 축복 중 하나로 부를 언급하기도 한다. 즉 경제적 차이 자체를 나쁘다고 말하지 않는다. 다만 그 경제적 차이를 이용해 자신의 이기적 욕망만 채우는 것이 좋지 않다고 이야기한다. 또한 성경은 인간이 사는 동안 경제적인 차이는 늘 있을 것이므로 가난한 자를 반드시 도우라고 한다.

신명기 15장 11절에 "땅에는 언제든지 가난한 자가 그치지 아니하겠으므로 내가 네게 명령하여 이르노니 너는 반드시 네 땅 안에 네 형제 중 곤란한 자와 궁핍한 자에게 네 손을 펼지니라"라고 하셨다. 또 공동체에게는 가진 자가 자신의 경제력을 힘 삼아 없는 자를 압제하지 못하도록 약자를 보호하는 규례와 법률을 정해 지키게 하고, 개개인에게는 스스로의 이기적 욕망을 다스리게 하는 주의 계명을 따르며 이웃을 돌볼 것을 권유한다.

두 세계관은 평등 또한 다르게 정의하고 있다. 우선 공산주의 세계관에서 말하는 평등은 동질성을 띤 한 집단(프롤레타리아)만을 위한 평등이다. 이는 차이를 배격함으로 모든 사람에게 동일한 소유를 주장하는 획일적 평등(Equality)인 셈이다. 반면 성경적 세계관에서의 평등은 부자와 가난한 자 이 다른 집단이 서로를 존중하며 함께 살아가는 사회를 지향하는 평등이다. 이는 차이를 인정하며 더 가진 자가 사회적 약자를 자발적으로 배려하고 돕는 공평(Equity)을 위한 평등이다.

성경에서 평등보다 더 많이 등장하는 주제는 돌봄과 섬김이다. 먼저 성경에서 평등에 관한 구절을 세어보라. 그리고 가난한 자, 과부, 나그네, 어려움에 처한 이웃에게 어떻게 대해야 하는 지에 관해 이야기 하는 구절을 찾아보라. 두 번째 경우가 훨씬 많음을 알 수 있을 것이다. 성경은 모두가 경제적으로 평등한 상태 자체를 추구하기 보다 모든 사람이 하나님의 심정으로 이웃을 돌아보는 사람이 되기를 바란다.

나에게 들려주신 이야기 **9**

# 오늘, 네 저녁 시간은 계수되었다.

이 일이 있었던 그 날은 연이은 해외 출장과 밤샘의 여파로 몸이 매우 피곤한 날이었다. 그래서 출근하면서 꼭 일찍 퇴근해 집에서 쉬어야겠다고 생각했다.

그날 점심때 전화가 울렸다. 오래전부터 한 달 혹은 두 달에 한 번은 꼭 만나 나눔을 하던 분의 전화였다. 힘드신 목소리로 오늘 저녁에 만날 수 있냐고 하셔서 대림역에서 만나 같이 저녁을 먹자고 했다.

출근해서 쉴 새 없이 쏟아지는 일을 미친 듯이 처리하고 약속 시각에 맞춰 대림역으로 향했다. 그 분을 만나 함께 저녁을 먹고 아침에 묵상한 말씀을 나눴다. 중간중간 눈물을 닦아가며 서로의 삶을 나누고 공감하며 함께 기도하고 헤어졌다. 많이 감사한 시간이었다.

그런데 막상 그분과 헤어지고 나니 너무 피곤했다. 대림역으로 가는 높은 계단을 올라가는데 너무 힘들어서 정말이지 코피가 막 쏟아질 것 같았다.

그래서 혼자 중얼거렸다. "하나님, 너무 빡센 것 같아요. 제 인생."이라고.

그때 하나님께서 1초도 지체하지 않으시고 말씀하셨다. "연임아, 오늘 네 저녁 시간은 나한테 계수되었다."라고.

나는 깜짝 놀랐다. 계수되었다?

늘 내 인생의 순간들이 하나님 앞에 계수 되는 시간이길 바라며 살았는데 이렇게 직접 정확히 표현해 주신 것은 처음이었다. 내 시간이 하나님 아버지께 계수되었다니. 순식간에 모든 피곤이 사라져 버린 듯 했다.

그때 다시 한번 깨달았다. 하나님께서는 진짜 어떤 다른 일보다도 힘들고 어려운 사람들을 돌보는 것을 기뻐하신다는 것을 말이다.

요즘 사람들은 물질적 소유를 깨뜨려 이루는 평등에 관심이 많은 듯하다.

하지만 우리와 우리 아이들은 정작 어렵고 힘든 이웃을 향해 자신의 마음이 얼마나 깨뜨려지고 있는지 한번 돌아보면 좋겠다. 진짜 마음이 움직였다면 돌봄, 섬김, 나눔 그중 어떤 모습으로든 사랑을 실천하게 될 것이다.

# 4장

# 내 삶의 주인공은
# 바로 나

## 프리드리히 니체의 [짜라투스투라는 이렇게 말했다]

니체가 들려 준 이야기 : [짜라투스투라는 이렇게 말했다]가 등장하다 / 프리드리히 니체는 누구인가 / 니체는 왜 '신의 죽음'을 선언했을까 / 정체를 밝혀라! 니체적 세계관과 그 열매 포스트모더니즘 / 성경은 무엇이라 말하는가 / 현실 속에 나타난 포스트모더니즘의 영향과 YOLO, 부모공경, 그리고 불륜

ORIGIN OF THOUGHTS

혹시 '욜로(YOLO, You Only Live Once)'라
는 말을 들어본 적이 있는가? 요즘 세대를 사로잡은 새로운 삶의 방식을
가리키는 말로 "인생은 한 번뿐이니 현재를 충분히 즐기라"라는 뜻을 가
진다. 그래서 YOLO를 추구하는 사람들을 보면 미래 혹은 다른 사람을 위
해 지금 자기 자신의 행복을 좀처럼 포기하거나 희생하지 않는다.

이러한 현상은 소비 패턴에서 두드러지게 나타난다. 먼 미래를 준비하
기 위해 당장의 씀씀이를 줄이지 않으며 자신을 위한 소비에 매우 관대
하다. 불확실한 미래와 타인 대신 확실히 달콤한 현재 나의 행복에 투자
한다. 최근 들어 자주 들을 수 있는 '탕진잼(소소하게 탕진하는 재미)', '소
확행(소소하지만 확실한 행복)'과 같은 말 역시 이런 맥락에서 나온 말이다.
YOLO식 삶의 방식은 여러 사람에게 매력적으로 다가가 우리 사회 속에
급속히 퍼져가고 있다.

그 이유가 뭘까? 사람들은 언제부터 자신과 현재에 충실한 삶을 살아야
한다고 생각한 걸까? 그리고 그 이후 우리 사회와 개인은 어떻게 변해가
고 있을까?

얼마 전 부부가 다투는 모습이 담긴 영상을 하나 보게 되었다. 부부는
시댁에 얼마나 자주 안부 전화를 드려야 하는가로 말다툼을 하고 있었다.
남편이 먼저 아내에게 어머니가 원하시니 자주 안부 전화를 드리라고 이
야기했다. 그러자 아내는 "아니, 내가 왜 자주 어머님께 전화해야 해? 나
는 어머님께 전화하고 싶은 마음이 전혀 없는데? 마음이 없는데 억지로
하는 게 좋은 거야? 그건 완전 가식이고 위선인 거지. 내가 전화하고 싶은

마음이 들면 그때 가서 자주 연락할게. 그러니 강요하지마." 라고 말하며 남편의 말을 반박했다. 이 대화 속에는 부모와 자녀 관계에 있어 기본적 도덕에 해당하는 효도라 하더라도 내 맘이 내킬 때 하는 것이 더 진실되고 좋은 것이라는 생각이 담겨 있다.

현대 사회에서 자신이 가진 감정에 충실함을 외치는 또 다른 부류로 불륜이 있다. 불륜을 선택하고 당당한 사람들은 자신은 누군가를 사랑하는 감정에 충실했을 뿐이라고 이야기한다. 배우자는 억장이 무너지는 참담한 심정일 텐데 말이다.

우리나라에서는 이미 간통죄가 폐지되었다. 간통죄 처벌 규정이 제정된 지 62년 만인 지난 2015년에 국가가 법률로 간통을 처벌하는 것은 국민의 기본권을 침해하는 것이므로 위헌이라는 헌법재판소 판단이 나왔다. 이로써 우리 사회의 도덕 기준이었던 부부간의 성적 성실 의무에 대한 법은 사라졌다. 하지만 그렇다고 해서 부부 관계에 있는 두 사람이 현재의 즐거움을 위해 자신의 감정에만 충실해도 된다는 의미는 아닐 것이다.

사람들이 모두 자신의 마음이 시키는 대로 산다면 과연 공동체 안에서 사람들의 상호관계를 규정한 도덕이 바람직한 방향으로 유지될 수 있을까?

제 4장에서는 '신은 죽었다'라고 선언하며 도덕의 절대 기준을 없애고 포스트모더니즘 시대를 연 니체의 이야기와 그러한 생각이 낳을 수 있는 결과들을 알아보자. 동시에 인간과 세상을 설명하는 절대 진리요 기원인 성경은 그에 대해 어떻게 이야기하는지 살펴보자.

## 니체가 들려 준 이야기

# 내 삶의 주인공은 바로 나

[짜라투스투라는 이렇게 말했다] [12]

위대한 정오란,

인간이 자기의 행로 한복판인 동물과 초인의 중간에 서서 저녁으로 향하는 자신의 여로를 자기의 최고의 희망으로 축복할 시간이다. 그것은 새로운 아침으로 향하는 길이기 때문이다. 그때 몰락해 가는 자는 자기 자신을 축복할 것이다. 그는 초인을 향해 건너가고 있기 때문이다. 그리고 그의 인식의 태양은 정오에 머물러 있을 것이다. "모든 신은 죽었다. 이제 우리는 초인이 살기를 원한다." 이것이야말로 위대한 정오에 갖는 최후의 의지가 되게 하라!

___제 1부 짜라투스투라의 설교 중, 나누어 주는 덕에 대하여

# [짜라투스투라는 이렇게 말했다]가 등장하다

1889년 이탈리아 토리노의 알베르빕 광장, 진창에 빠진 마차를 빼내느라 매서운 채찍으로 말을 후려치고 있는 마부에게로 한 중년의 남자가 달려간다. 그리고는 매질의 고통 속에 몸부림치고 있는 말의 목을 붙잡고 발작을 일으킨 후 쓰러져 버린다. 마치 자신이 그 채찍에 맞는 말인 것처럼.

모든 인류에게 초인이라는 이상적인 인간상을 제시하고, 초인이 되라고 도전했던 사람, 그리고 스스로도 초인이 되어보려고 몸부림쳤던 이 남자는, 그 사건 이후 정신병원에 입원하여 서서히 무너져 내리는 의식 속에서 남은 생을 마감하게 된다. 바로 프리드리히 니체이다.

니체는 1883년부터 3년에 걸쳐 [짜라투스투라는 이렇게 말했다]를 저술했다.

그는 이 책을 인류에게 선물하는 제 5의 복음서라고 선언했다. 당시 서구 사회의 토대는 기독교였고, 기독교의 신약성경 첫 부분에 있는 사복음서(마태, 마가, 누가, 요한)는 인류에게 죄사함과 구원의 기쁜 소식, 즉 복음을 전해주었다. 그런데 니체는 자신의 책 속 주인공인 짜라투스투라가 기독교의 복음을 뛰어 넘는 기쁜 소식을 인류에게 전해 주고 있다고 생각한 것이다.

니체는 동시대에서는 이 책의 의미를 이해하지 못할 것이라고 하였다. 적어도 100년은 지난 서기 2천 년 정도는 되어야 사람들이 비로소 이 책을 이해할 것이라고도 말했다. 또한 이 책에서 여섯 문장 정도만 이해하고 체험했다면 인간이 이해할 수 있는 최고의 수준에 도달한 것이라고도 했다. 이런 말을 서슴지 않았던 니체는 천재인가, 아니면 망상가인가?

고전이 알려주는 생각의 기원

[짜라투스투라는 이렇게 말했다]는 철학서라기보다는 우화 같기도 하고, 잠언 같기도 하고, 한 편의 대서사시 같기도 하다. 니체의 예언처럼 서기 2천 년이 훌쩍 지나버린 지금 많은 사람들이 사랑하고 있고, 동시에 이해하고 체험해 보려고 애쓰는 책이기도 하다. 서점에는 이 책의 몇몇 구절들을 뽑아 모아 놓은 책이 베스트셀러가 되기도 하는데, 간혹 어떤 사람들은 자기 마음에 와 닿는 몇몇 경구만으로 니체를 모두 이해했다고 착각하고 있는 모습도 보인다.

그러나 이 책은 사회는 물론 개별 인간들의 삶까지 해체할 수 있을 만큼 무서운 파괴력을 지닌 책이기도 하다. 실제로 현대인들은 짜라투스투라의 말처럼 삶의 모든 영역에서 신의 죽음을 선언하고 절대적인 삶의 기준을 폐기 처분해 버리면서, 뿌리째 흔들리며 정체성을 상실해가는 모습을 보이고 있다.

니체는 좀처럼 이해하기 어려운 이 책의 힌트들을 자신의 다른 저작물들 속 여기저기에 던져 놓았다. 그리고 마치 퍼즐을 맞추듯 그가 던져 놓은 힌트 조각들을 맞춰가며 서서히 책에 대해 이해할 수 있도록 해 두었다.

[짜라투스투라는 이렇게 말했다]라는 제목이 보여주듯이 이 책은 짜라투스투라라고 불리는 사람의 설교와 대화로 이루어져 있다. 그러므로 짜라투스투라가 어떤 사람인지를 아는 것이 이 책을 이해하는 첫 번째 열쇠가 될 것이다.

원래 짜라투스투라는 고대 페르시아에서 유행했던 조로아스터교를 만든 사람이라고 알려져 있다. 조로아스터교는 이 세상을 선과 악의 대결로 보고, 결국 선한 신이 승리한다고 믿는 종교다. 이런 믿음을 가진 고대 종교의 창시자의 이름을 빌어 니체가 이 책을 썼다는 사실에서, 우리는 이 책의 주제에 대해 약간의 추론을 해 볼 수 있을 것 같다.

먼저 니체는 [이 사람을 보라]라는 글에서 다음과 같이 말했다.

"짜라투스트라는 도덕이라 불리는 가장 심각한 오류를 만들어 낸 인간이다. 그는 필연적으로 도덕이 오류임을 자각한 최초의 인간임이 분명하다. (중략) 내 말을 알겠는가? 정직성을 통한 도덕의 자기 극복, 나라는 대립을 통한 도덕군자의 자기 극복, 그것이 내 입에서 나온 짜라투스투라의 이름이 뜻하는 바이다."라고. 도대체 이게 무슨 뜻일까?

니체에게 있어서 짜라투스투라는 도덕을 만들어 낸 장본인이다. 즉 조로아스터교의 믿음대로 절대적인 기준에서의 선과 악이 존재한다고 설파했던 인물이었다는 것이다. 그러나 짜라투스투라는 결국 자신이 만들고 널리 퍼뜨린 선과 악에 대한 이분법적인 교리가 잘못된 것임을 알아차렸다. 그래서 정직하게 이 세상에는 절대적인 선이나 절대적인 악과 같은 도덕적 기준은 존재하지 않는다고 인정했다. 그런 의미에서 니체는 짜라투스투라가 스스로의 오류를 극복했다고 말한 것이다. 물론 이 모든 설정은 가상이지만 니체가 이러한 상상력을 토대로 짜라투스투라를 책의 주인공으로 내세웠다고 유추해 보는 것은 전혀 틀린 이야기는 아닐 것 같다.

이 책의 첫 장면은 오랜 수도 생활 끝에 위와 같은 깨달음을 가지고 세상으로 다시 나온 짜라투스투라가 깜짝 놀라는 모습으로 시작된다. "이미 선과 악이라는 절대적인 도덕 기준을 만든 '신'은 죽었는데 사람들은 아직도 그것을 모르고 있다니!" 하고 말이다. 그리고 니체는 아마도 그러한 깨달음을 얻은 짜라투스투라의 목소리를 통해 우리에게 "신은 이미 죽었어. 그러니 신이 만들어 놓은 선과 악이라는 도덕의 절대 기

고전이 알려주는 생각의 기원

준도 없어졌어. 이제 우리는 스스로의 힘으로 새로운 기준을 만들어서 살아야 해. 신이 없어도 우리의 힘만으로 스스로를 고양시키고 신의 경지에 오를 수 있어"라고 말해 주고 싶었던 것 같다.

마치 그리스 신화에 나오는 사이렌의 목소리처럼 "신은 이미 죽어버렸다"라고, 그 신이 부여한 '선과 악을 넘어서' 더 높은 차원으로 나아가라는 니체의 유혹적인 목소리가 오늘도 우리 귓가에 맴돈다.

## 프리드리히 니체(1844-1900)는 누구인가?

니체는 독일 작센주 뢰켄에서 5대째 목회자인 집안의 맏아들로 태어났지만 어린 시절 아버지와 동생을 잃고 엄격한 할머니, 엄마와 누나 사이에서 자라났다. 어려서는 '작은 목사'라고 불릴 만큼 신앙생활을 열심히 했지만, 종교심이 강한 가족 내 여성들이 만든 억눌린 분위기 탓인지 율법적인 종교 생활에 환멸을 느끼고 기독교와 점점 멀어졌다.

십대 때부터 문학과 음악 등 예술에 관심이 많았는데 특히 바그너의 음악에 매료되어 바그너에게 자신의 책을 헌정할 만큼 열렬한 팬이 되기도 했었다. 그러나 나중에 바그너의 음악이 게르만 민족주의를 강화하는 데 이용되자 바그너와의 교류를 끊어버리고 말았다.

대학에 들어가서는 고전문헌학을 전공하여 25세 때 바젤 대학 고전문헌학과 조교수가 되었고, 1872년 [음악의 정신에서 나온 비극의 탄생]을 출판하면서 그리스 고전비극에 대하여 자신만의 독특한 해석을 내놓기도 했다. 그러나 이 책은 당시 주류학계로부터 혹독한 비판을 받으면서 고전문헌학자로서의 니체의 입지를 흔들어 놓는 계기가 되었다.

니체는 어려서부터 건강이 좋지 않았는데 29세부터는 줄곧 심한 편두통에 시달렸다고 한다. 결국 가르치는 일마저 하기가 힘들어진 상태가 되어 35세 때 바젤 대학의 교수직에서 퇴직하였다. 그 이후 니체는 집필활동에 더욱 열의를 보였고 그의 일생의 역작들이 이 시기에 탄생하게 된다. [짜라투스투라는 이렇게 말했다]와 그 해설서적인 성격을 가지고 있는 [선악을 넘어서], [안티 크라이스트], [이 사람을 보라], 그리고 [우상의 황혼] 등이 말이다.

많은 학자들은 니체의 문장이 긴 산문체보다는, 짧은 경구나 잠언처럼 되어 있는 이유를 그의 두통 때문일 것이라고 짐작하기도 한다. 머리가 아프지 않은 짧은 시간 안에 번뜩이는 생각을 재빨리 글로 옮겨 적어야 했기 때문에, 논리적 일관성을 요구하는 형식보다 단문을 중심으로 한 문학적 형식의 글을 쓸 수밖에 없었으리라. 심각한 육체적인 고통 속에서도 천재의 머릿속에서 솟아나는 생각의 흐름은 멈출 수가 없었던 것 같다.

45세가 되던 해부터 니체는 여기저기에 '디오니소스' 또는 '십자가에 박힌 자'라고 서명한 괴상한 편지를 보내기 시작하더니, 급기야 토리노의 알베르빕 광장에서 쓰러지고 만다. 자신이 누구인지도 인식하지 못할 만큼 의식이 흐려지자 결국 정신병원에 입원하게 되었고, 1900년 56세 나이로 쓸쓸히 죽음을 맞이하였다.

일평생 여성에 대해 적대적인 감정을 가졌지만 결국 생의 마지막까지 그를 돌보아 주고 그의 곁을 지켰던 사람은 어머니와 누이였고, 니체의 저작들 역시 누이의 주도로 출판되어 세상에 알려지게 되었다니 참으로 아이러니한 삶이 아닐 수 없다.

니체의 죽음이 1900년이었다는 사실은 매우 의미심장하다. 니체의 죽음과 함께 19세기가 문을 닫고 20세기가 열렸으니 말이다. 니체가 새롭게 연 20세기의 문은 우리를 어디로 인도하고 있을까?

## 니체는 왜 '신의 죽음'을 선언했을까?

흔히 니체를 근대성을 극복한 인물이자 후기 근대사회, 즉 포스트모던 사회로 가는 길을 열어 준 철학자라고 말한다. 근대성의 가장 큰 특징이 바로 '이성'에 대한 신앙에 가까운 믿음이라고 하니 니체가 근대성을 극복했다는 말은 곧 이성의 시대의 종말을 고했다는 말이 될 것이다.

당시의 유럽은 과학과 기술의 급속한 발전으로 인간의 이성에 대한 낙관과 자신감이 팽배하던 시대였다. 그 자신감을 바탕으로 대영제국, 독일제국, 프랑스 공화국 등이 북아프리카와 인도차이나반도 등 세계 여러 곳을 식민지로 삼고 영토를 분할 통치하며 세력을 과시하였고, 제국의 칼과 함께 기독교의 복음과 사랑이 선교사들을 통해 전 세계 구석구석까지 전해지기도 했다.

한편 산업의 변화로 생활 양식이 변하고 빈부 격차가 격심해지는 등 사회 내부의 모순과 갈등은 더욱 심화되었다. 마르크스가 지적했던 인간소외의 문제가 본격적으로 등장하기 시작한 것도 바로 이때이다.

마르크스와 프로이트 그리고 니체를 '의심의 학파'라고 부른다고 한다. 이들은 지난 2천 년 동안 서구 사회를 지탱해 오던 두 기둥을 각자가 든 도끼의 날로 치기 시작했다. 한편에서는 플라톤식 이성철학을 의심하며 형이상학적인 본질을 탐구하기보다는 현실의 문제해결을 더 중시하는 경향을 보이게 되었다. 다른 한편에서는 유대 - 기독교 전통에 기반을 둔 윤리와 도덕을 조롱하며 정신보다는 물질을, 이성보다는 본능을, 그리고 도덕보다는 자유와 열정을 부르짖는 새로운 시대정신을 강조하였다.

이러한 상황에서 니체는 세상 사람들을 향해 "신은 죽었다"라는 충격적인 소식을 전한다. 지금까지 사람들이 삶의 기준으로 삼고, 삶의 의지와 위안으로 삼았던 기독교의 하나님이 이제는 죽어서 더는 찾고 싶어도 찾을 수 없다고 선언한 것이다. 그러니 신에 대해 더 이상의 미련을 버리고 인간 스스로 자신의 생명력을 가지고 새로운 인생의 의미를 창조하면서 살라고 제안한다.

니체에 의하면 지금까지 '신'이 인간에게 한 짓은 인간을 절대적인 도덕률로 옭아맨 다음 숨통을 틀어쥐고 복종을 요구한 것에 불과했고 그것은 서서히 인간을 약화시키고 인간다움을 파괴하였다. 마치 사육사가 맹수를 얌전하게 길들이는 것이 맹수의 힘을 약화시켜 맹수의 정체성을 파괴해 버리는 것처럼 말이다.

그래서 그는 말한다. 이제 그런 신은 죽었다고. 그러니 더는 신이 세워 놓은 절대적인 도덕의 기준에 얽매여 살 필요가 없고, 오로지 자신의 본능과 의지의 총합인 '자연 상태'로 돌아가 각자의 삶을 살아 내야 한다고 말이다.

니체는 기독교의 '신'에 대해 왜 그렇게 '죽이고 싶을 만큼' 적대적이었을까? 아마도 어린 시절부터 깊은 신앙심을 가지고 있었음에도 일찍이 사랑하는 아버지와 남동생을 잃었던 슬픔, 억압적인 율법으로 자신을 양육했던 여성들에 대한 증오, 그리고 일평생 자신을 괴롭힌 육체적 고통 등이 함께 어우러져 신에 대한 태도를 형성한 것은 아니었을까 추측해 본다.

어린 니체는 하나님께 무릎 꿇고 사랑하는 사람을 지켜달라고, 자신의 고통과 어려움을 없애 달라고 얼마나 많이 기도했을까? 하지만 그 기도에 대해 아무런 대답도, 아무런 변화도 일으켜 주지 않는 신에게 깊이 실망했고, 실망은 증오로 변했으며, 그 증오는 결국 '신이 죽었다'라고 결론짓는 데까지 나아간 것은 아닐까? 이제 더는 침묵과 방관으로 일관하는 신 따위는 잊어버리고 스스로 이 모든 삶의 여정을 견디어 이기고 말 것이라 다짐했을 것이다.

니체의 또 다른 별명은 '망치의 철학자'이다. 선입견으로 가득 차서 도무지 새로운 생각이라고는 할 수 없는 우리의 아둔한 머리를 둔탁한 망치로 한 대 내리쳐 주는 사람, 그래서 정신이 번쩍 들게 하고 삶의 진짜 모습을 다시 발견할 수 있게 하는 사람 말이다. 니체는 아직도 신이 살아 있다고 믿고 신 앞에 고개를 숙이고 있는 사람들에게 정신 차리라고 하면서 망치로 머리를 내리치고 있다.

그런데 안타깝게도 신의 도움 없이 스스로 초인의 삶을 살아 보려고 했던 니체의 마지막 모습은 광인이었다. 자기 자신을 '죄에서 인류를 구원하신 예수 그리스도'에 비견하며 스스로의 삶을 창조하여 고양시키면서 살아보려고 몸부림쳤던 니체. 자신의 망치로 자신의 머리를 내리쳐서는 박살을 내고야 말았는지 그의 삶은 그렇게 부서져 내리고 말았다. 그를 따랐던 많은 무리들도 함께 말이다.

## 정체를 밝혀라! 니체적 세계관과 그 열매 포스트모더니즘

### 첫째, 인간은 어떤 존재일까?

포스트모더니즘에서는 인간이 어떤 존재인지 뚜렷이 밝히진 않는다. 창조되었는지 진화되었는지 혹은 영혼이 있는지 없는지 잘 모른다고 말한다. 일단 인간은 그냥 존재한다. 그 기원에 대해 굳이 따질 필요는 없다. 그저 지금 현재 존재하는 인간의 상태에 대해서 정확히 진단하는 것만이 필요할 뿐이다. 그리고 일단 이 세상에 나타난 인간은 진화하기 시작한다.

한편 포스트모더니즘의 아버지라 불리는 니체의 경우, 지금 존재하는 인간을 초인과 천민으로 나누었다. 이것은 끊어져서 나누어지는 것이 아니라 스펙트럼처럼 진화의 과정 가운데 있는 양극단이라고 이해해야 한다. 이러한 초인과 천민 사이에, 낙타, 사자, 그리고 어린이로 나누어진 인간의 세 가지 차원이 존재한다.

낙타 상태의 인간은 사막과 같은 이 세상에 살면서 등에 무거운 짐을 잔뜩 지고 꾸역꾸역 걸어가고 있는 존재이다. 낙타는 스스로 가고 싶은 곳을 선택할 수도 없고, 어디로 가고 있는지 알지도 못하며, 자기가 진 짐이 무엇인지도 모르는 존재이다. 그저 주어진 삶에 순응하면서 아무런 의지도 결의도 없이 하루하루 생존하고 있는 인간을 의미한다. 그러한 인간이 어느 순간 조금 더 의식이 깨어나고 고양되면 사자의 단계로 진화한다.

사자는 창조적 파괴를 하는 인간을 의미한다. 자연이 부여한 본성과 의지로 자기에게 주어진 것들을 탐구하고 해체한다. 그리고 그 속에서 무언가를 찾아보고 새롭게 시도해 보려고 하는 인간이다. 마지막으로 사자의 단계에서 한층 더 고양되면 어린이의 단계에 이른다.

바닷가에서 모래 놀이를 하는 어린아이를 관찰해 본 적이 있는가? 이 아이는 아무도 알아봐 주지 않아도 자신만의 모래성을 쌓으며 즐거워하고 그 모래성에 이름을 붙이고 의미를 부여한다. 어쩌다 큰 파도가 애써 쌓아놓은 모래성을 다 쓸어버려서 처음부터 다시 만들어야 한다 해도 크게 상관이 없다. 그저 모래성을 만드는 과정에서 자신의 창의력을 발휘하고, 기쁨을 누리고 의미를 부여했으면 그만이다. 모래성은 또다시 만들면 되고 그 과정에서 또 다른 즐거움을 누리면 될 것이다.

니체는 이런 어린아이의 모습을 지향하며 이를 초인이라 불렀다. 남이 세운 기준과 목표가 아닌 자기 나름의 존재 의미와 목적을 창조해 나가는 존재, 자신의 열정과 의지로 스스로 설정한 방향과 기준에 따라 고양되는 존재를 초인이라고 하는 것이다.

니체는 모든 인간이 천민에서부터 벗어나 초인을 향해 나아가야 한다고 일깨우려 했고, 그것이 가능할 것이라고 생각했지만 대부분의 평범한 인간은 초인이 되기보다는 천민의 상태로 남아 있게 되는 것이 현실일 것이다.

### 둘째, 인간 사회에서 문제의 원인은 무엇일까?

인간들이 모여 사는 세상에는 왜 이렇게 문제가 많은 것일까? 무엇이 인간이 천민에서 초인으로 고양되는 것을 방해하고 있는 것일까? 니체적 세계관에서는 그것이 바로 '신의 존재'와 그 신이 인간에게 계시한 '절대적인 도덕의 기준' 때문이라고 말한다.

니체에 따르면 인간은 그냥 놓아두면 스스로 자신이 살아가야 할 인생의 기준과 방향을 설정할 수 있는 존재이며 초인으로 진화할 수 있다. 그 존재 안에 깃든 본연의 의지와 열정, 창의력 등을 충분히 발휘하면서 얼마든지 나만의 삶의 의미를 발견해 나갈 수 있는 존재이다.

그런데 기독교의 신은 인간에게 신이 정해 놓은 기준에 맞추어 살라고 말한다. 그리고 그 기준에 복종하지 않는 것을 죄라고 하면서 위협한다. 니체의 표현에 따르면 기독교의 도덕은 '노예의 도덕'이다. 인간 내면이 추구하는 모든 욕구와 가치를 억누르고 신을 위해 모든 것을 희생하고 절제하며, 신을 위해 살아갈 것을 맹세하게 함으로써 인간을 무가치하고 수동적인 존재로 길들여 간다. 마치 노예로 길들여지면 자기의 모든 의지를 다 포기하게 되는 것처럼 말이다.

니체적 세계관에서는 기독교에서 악으로 규정하여 억눌러야 한다고 명령하는 탐욕, 정념, 욕구 등이 오히려 인간에게 살아갈 힘과 동기가 되어 주는 선한 요소들이라고 강변한다. 그러면서 인간이 어떻게 해야 진정한 행복을 누리며 올바르게 살 수 있을지는 신이 아닌 인간 개개인이 스스로 결정하고 답할 문제라고 말한다.

더구나 모든 인간이 마땅히 따라야 할 절대적인 도덕과 진리가 존재하며 기독교만이 구원에 대한 유일한 진리라고 말하는 것은 지나친 오만과 독선이라고 주장한다. 니체적 세계관에 따르면 이러한 오만과 독선이 자유로운 인간들을 억누르고 불행하게 하며 인간 사회의 화합과 공존을 막고 모든 악과 고통의 문제를 유발하는 것이다.

### 셋째, 인간 사회의 문제는 어떻게 해결할 수 있을까?

니체적 세계관이 제시하는 해결책은 매우 간단하다. "신이 죽었다"라는 기쁜 소식을 선포하면 되는 것이다. 그리고 아직도 신이 만들어 낸 잘못된 환상에서 벗어나지 못한 사람들이 깨어날 수 있도록 도와주면 된다. 신의 죽음을 선언하는 것은 곧 하나님을 부정하고 선과 악의 기준을 해체하는 것이다. 따라서 기독교에서 말하는 선과 악의 이분법적인 도덕관념을 뛰어넘어 새로운 차원으로 나아갈 것을 제안한다.

이제부터는 모든 절대적인 기준에서 벗어나 각자의 상황과 처지에 따라 옳을 수도 그를 수도 있다는 열린 태도를 보여야 한다. 이런 상대주의적인 태도로 서로를 인정하며 이해할 때 인류는 보다 다양하고 풍요로운 사회, 평화롭고 행복한 사회를 누릴 수 있을 것이라고 주장한다. 그리고 이것이 니체적 세계관의 열매인 포스트모더니즘의 핵심이다.

또한 신은 인간에게 지금 이 땅에서 순종한 대가를 영원한 천국에서 갚아 줄 것이라고 약속했지만, 이제 신은 죽었으므로 오직 현실과 나 자신에게 충실한 삶을 살아야 한다고 말한다. 인간이 가지고 있는 본능, 의지와 욕구에 충실하게 지금 이 순간을 잘 사는 것, 그리고 나 자신의 행복에 대해 보다 솔직해지는 것이 중요하다. 내 삶의 주인은 이제는 신이 아닌 바로 나 자신이기에 나는 나의 선택에 대해 당당히 책임을 져야 한다. 나 자신이야 말로 내 삶의 창조자이며 예술가라는 인식을 가지고 '삶의 의지를 찬양하고 긍정하는 디오니소스적인 삶'을 사는 것이 인간이 이 세상에서의 고통과 악의 문제로부터 해방되는 길이다.

인간의 자유의지를 강조하고, 스스로를 초인의 지위로 고양할 것을 격려하는 니체적 세계관에는 일말의 진실이 들어 있다. 인간으로서의 자존심과 위풍당당함이 느껴지기도 한다. 그런데 온몸으로 자신의 철학을 살아 낸 니체의 삶이 과연 온전한 삶이라고 말할 수 있는 것인지 묻고 싶다. 창시자의 정신마저 미치게 하고 파괴해 버린 세계관을 과연 우리가 올바른 세계관이라고 믿고 따를 수 있는 것인가?

# 성경은 무엇이라 말하는가?

> 12 이스라엘아 네 하나님 여호와께서 네게 요구하시는 것이 무엇이냐 곧 네 하나님 여호와를 경외하여 그의 모든 도를 행하고 그를 사랑하며 마음을 다하고 뜻을 다하여 네 하나님 여호와를 섬기고  13 내가 오늘 네 행복을 위하여 네게 명하는 여호와의 명령과 규례를 지킬 것이 아니냐
>
> | 신명기 10:12-13 |

니체가 그렇게도 증오하던 절대적 도덕 기준에는 성경의 십계명이 있다. 십계명은 하나님께서 애굽의 노예 상태에서 이제 막 해방된 이스라엘 백성들에게 직접 써 주신 삶의 규범이다. 이 계명들이 출애굽기 20장과 신명기 5장에 두 번이나 언급된 것을 보면 얼마나 중요한 내용인지 짐작할 수 있을 것 같다.

하나님께서는 십계명을 통해 그의 백성 이스라엘에게 그들의 정체성은 무엇이며 그들은 어떻게 살아야 하는지 말씀해 주신다. 인간은 오직 하나님을 경외해야 하는 존재이며 공동체의 일원으로 살아야 하는 사회적인 존재이다. 그래서 하나님께서는 십계명을 통해 하나님과 인간, 그리고 인간과 인간 사이의 관계를 규율하는 도덕법을 주신 것이다. 이러한 계명은 하나님 사랑과 이웃 사랑이라는 두 가지로 요약되고 완성된다.

그렇다면 하나님께서 인간에게 십계명과 같은 절대적인 도덕의 기준을 주신 이유는 무엇일까?

성경은 인간 세상의 모든 고통과 악의 근원은 '죄'라고 말한다. 이 죄의 문제를 해결하지 않고서는 도저히 하나님의 백성으로 사는 삶을 살아갈 수 없다. 그래서 하나님께서는 죄가 무엇인지 깨닫게 하시고, 죄를 짓

지 않게 하시려고 인간에게 절대적인 도덕 규범을 주신 것이다. 죄는 궁극적으로 하나님과 인간과의 관계와 인간의 공동체를 파괴하는 본성이 있으므로 반드시 피하고 멸해야 하는 것이기 때문이다.

성경은 '죄'로 야기된 인간 사회의 악과 고통의 문제를 '하나님의 말씀에 대한 순종'으로 해결해야 한다고 말한다. 그것은 성경에 계시된 말씀을 절대적인 진리로 믿고, 그 진리대로 삶을 살아 내야 한다는 뜻이다. 십계명의 각 계명을 삶의 기준으로 삼고 순종하며 살아감으로써, 하나님과의 관계를 회복할 수 있을 뿐 아니라 인간 사회도 가장 온전한 모습으로 사랑을 나누며 살 수 있게 된다는 것이다.

인간에게는 이성과 양심이 있다. 아무도 가르쳐 주지 않아도 인간은 어떤 것이 선이고 어떤 것이 악인지 직관적으로 알아채고, 자신이 그 기준에 부합하지 못할 때 수치심을 느낀다. 그것이 인간과 동물이 다른 이유 중 하나이다. 그래서 그리스도인이 아닌 사람들도 하나님께서 그들을 창조하실 때 마음속에 심어 놓은 양심에 따라 생활하려고 애쓰는 것이다.

그런 면에서 볼 때 창세기 3장에 나오는 선악과 사건은 인간이 하나님의 자리에 올라 스스로 옳고 그름에 대한 기준을 세워 보려고 했던 시도였다. 그리고 이러한 시도는 창세기 이래 계속됐다. 이스라엘의 사사 시대가 그러했고 오늘날에도 그러하다.

도스토예프스키의 소설 [카라마조프가의 형제들]에서는 "신이 없다면 인간은 무슨 일이든 할 수 있다"라는 말이 나온다. 인간은 각자가 자기 삶의 주인이 되고 기준이 되고 초인이 될 수 있다고 말하지만 아이러니하게도 신을 죽인 인간은 짐승이 되거나 광인이 되어 무슨 짓이든 할 수 있는 존재로 타락해 버린다. 어느 시대에나 인간이 자신을 창조한 하나님에게서 벗어나 자기 소견에 옳다 싶은 그 모습으로 살아 보려고 했을 때 늘 일어났던 일이다.

## 현실 속에 나타난 포스트모더니즘의 영향

니체적 세계관을 계승한 포스트모더니즘을 가장 잘 표현한 말이 있다면 "너 자신을 사랑하라"가 아닌가 싶다. 다른 사람이 강요한 성공의 기준에 맞추어 살지 말고, 너 자신을 있는 그대로 사랑하며 지금 이 순간 너의 행복을 위해 최선을 다하라는 이 메시지는 자기 혐오와 절망에 빠진 젊은이들에게 새로운 삶의 희망을 불어 넣어주기도 한다. 니체의 말들이 그렇듯이 이 말에도 일말의 진실이 담겨 있다. 그러나 역시 부분적일 뿐이다.

예수님께서는 "네 이웃을 네 몸같이 사랑하라"라고 말씀하셨다. 인간이란 굳이 가르쳐주지 않아도 자기 자신을 사랑하는 법을 아는 존재이기에 그런 자연스러운 자기애(Self-Love)를 이웃 사랑에도 적용하라는 실천적인 방법론으로 알려주신 말씀인 것 같다. 따라서 그리스도인이라면 포스트모더니즘이 속삭이듯이 단지 자기 자신만을 사랑하는 데서 그치는 존재가 되어서는 안 된다. 인간이란 홀로 살 수 없고 오직 관계 속에서만 숨 쉴 수 있는 존재이기에 우리의 사랑은 나를 넘어 이웃과 사회 공동체를 향해 한 걸음 더 나아가야 한다.

한편 과거에는 사람들에게 어느 정도의 보편적인 미의 기준, 절대적인 아름다움의 기준이 있었다. 그러나 이제는 개개인의 선호가 전혀 다를 수 있다는 상대주의적인 사고방식이 주류를 이루고 있다. 나에게는 아름다워 보이는 것이 다른 사람의 눈에는 그렇지 않아 보일 수도 있다는 것이다. 그래서 누군가의 예술작품에 대해서 함부로 내가 생각하는 아름다움의 잣대를 대어 말해서는 안 된다. 교양 없고 배려가 부족한 사람으로 오해 받을 수 있기 때문이다. 오히려 요즘 예술계에서는 작품 그 자체보다 작품을 어떻게 해석하고 평가하는가가 더 중요하게 되었다고 한다.

마지막 예로 정치적 올바름(Political Correctness)이라는 현상도 나타나고 있다. 특히 지성인들의 사회, 대학사회에서 소수자나 약자의 의견에 대해 반대하거나 이견을 내는 사람들을 공격할 때 사용되는 단어이다. 소수자나 약자의 의견이 옳은가 진실인가는 중요하지 않다. 다양성이 보장되는 사회를 위해서는 그들이 발언할 수 있도록 해주는 것이 중요하다. 누군가에게 진리를 내세워 그것이 틀렸다고 말한다면 그는 독선적이고 오만한 사람이며 정치적으로 올바르지 못한 행동을 하고 있다는 비난을 받기 십상이다. 심지어는 법적으로 처벌을 받아야 할지도 모른다. 이미 서구 많은 나라에서는 '차별금지법'이 보호하고 있는 특정 부류의 사람들에 대한 부정적인 표현은 '혐오와 차별'로 금지되어 있다. 이의 부작용으로 사람들의 양심과 종교의 자유가 심각하게 훼손되고 있는 실정이다.

절대적인 진리와 도덕이 더 이상 환영 받지 못하는 세상이 됐다. 오히려 그런 것들이 악하고 불편한 것으로 규정되기도 하는 세상이 왔다. 이런 세상에서 인간의 영혼을 구원할 수 있는 진리는 오직 하나밖에 없다고 주장하는 기독교는 참으로 정치적으로 올바르지 못할 뿐 아니라 관용의 미덕이 없는 종교로 비춰진다.

그러나 진리는 본질적으로 배타성을 가지며 타협할 수 없음을 그 속성으로 한다. 진리의 내용이 정말 절대적으로 옳다면, 그리고 다양하고 그럴 듯해 보이는 다른 것들이 사실은 거짓이라면 어떻게 해야 하는가? 다양한 것이 좋으니 그저 좋은 것이 좋다 하고 포용해야 하는가? 아니면 그 배타적인 진리를 소리 내어 외쳐야 하는가?

최근 우리 사회에도 동성애 문제가 인권의 이름으로 제기되고 있다. 성경의 도덕 기준으로 볼 때 동성애는 '죄'이다. 그런데 적잖은 그리스도인들이 이 문제에 직면할 때면 딜레마에 빠진다. 그리스도인들의 세계관 속에 어느새 성경의 기준과 인본주의적인 생각이 뒤섞여 버린 탓이다. 정확하게 동성애를 죄라고 말해 주고 죄로부터 돌이키도록 하는 것이 진짜 사랑인지, 아니면 정죄함으로 동성애자들에게 상처를 줄까 두려워서 입을 다문 채 그들과 화평하게 지내는 것이 진정한 사랑인지 헷갈리는 것을 보면 말이다.

현대 사회를 포스트모더니즘 사회라고 한다. 중세 때에는 하나님의 진리가 중요했고, 근대에는 이성으로 알 수 있는 객관적이고 과학적인 사실이 중요했다. 그러나 포스트모던 시대인 지금은 '나의 주관과 느낌'이 중요한 시대가 되었다. 그 어떤 것도 절대적인 것은 없고 모든 것은 상대적이다.

그런데 정작 신의 도움 없이 자신의 의지로 모든 것을 할 수 있다고 외치고 있는 이 시대, 원하기만 하면 모든 것이 가능하고 허용되는 이때, 사람들은 왜 더 큰 정체성의 혼란을 느끼며 불안함 가운데 살아가고 있는 것일까?

다시 우리와 우리 아이들의 이슈로

# YOLO, 부모공경 그리고 불륜

사람들은 늘 불확실한 미래를 감당하기 어려워했다. 점, 사주, 예측보고서와 같이 어떻게든 미래를 미리 알아보려는 시도나 연금, 보험 등 미래를 조금이라도 확실하게 만들어 보려는 노력은 시대가 지나도 변하지 않으니 말이다. 생각해 보면 거창한 미래가 아니라 당장 내일이나 1년 후의 일이 어찌 될지 몰라 밤잠을 못 이룬 적이 누구에게나 한 번쯤은 있을 것이다.

그리고 '사람은 믿을 게 못 된다'는 말에서도 드러나듯 남을 전적으로 신뢰하는 것 역시 쉬운 일은 아니다. 때때로 프로젝트를 진행하면서 이중 삼중으로 증빙을 요청하는 기관을 만나면, 정말이지 기관 규정이라는 것이 사람에 대한 불신에 기반을 두고 있구나 하는 생각이 자주 든다. 요즘처럼 극심한 청년 실업과 국가 이기주의, 기후변화까지 겹쳐 전 세계가 몸살을 앓는 때는 더욱이 그나마 확실한 '현재 나 자신'에게 집중하겠다는 사람들의 말이 현실적으로 들린다.

도덕은 '사회구성원들이 스스로 마땅히 지켜야 한다고 생각하는 행동 준칙이나 규범'을 일컫는 말이다. 이는 법률처럼 외적 강제력을 가지지는 않지만, 각자의 내면적 원리로서 작용하며 사람들 간의 '상호관계'를 규정한다. 즉 도덕이라는 것은 나 혼자가 아닌 관계성을 가진 우리 모두를 건강하게 할 목적으로 사회구성원들이 당연히 지켜야 한다고 생각하는 행동 양식이라는 것이다.

현대인들의 도덕은 위와 같은 도덕의 본래 개념 자체를 흔드는 듯 보인다. 내 마음이 내킬 때 하는 것이 상대방을 위해서도 좋은 것이라는 주장, 내 마음에 충실한 것이 상대방에 대한 마음 없는 의무보다 더 낫지 않냐는 주장을 듣다 보면 말이다. 이렇게 상호관계를 위해 필요한 도덕을 상대방에 대한 고려나 배려없이 나 중심적으로 정의하기 시작하면서 절대적인 도덕이 상대적이 되고 사회적인 도덕이 개인화 되어가고 있다.

지금부터 포스트모더니즘, 즉 오직 현실과 나 자신에게 충실한 삶이 좋은 것이며 절대적 도덕 기준에 따른 옳고 그름에 관한 판단은 멈추고 각자의 마음속에 떠오르는 마음과 생각대로 사는 삶이 멋진 것이라 외치는 이 흐름의 등장을 어떻게 다룰 수 있는지 세계관의 관점에서 살펴보자. 동시에 우리 자신의 세계관도 확인해보자. 당신은 도덕적 기준이라는 것은 시대적 환경에 따라 변화(진화)하는 것이므로 상대적이라는 니체적 세계관을 가지고 있는가, 아니면 거룩하신 하나님이 정하신 절대적 도덕률을 지키며 살아야 한다는 성경적 세계관을 가지고 있는가?

# YOLO – 지금과 나를 우선하기로 한 결정

## 신과 사람 간의 관계 변화

요즘 세대에게 있어서 자기 자신을 사랑하는 것은 너무나 중요하고 아름다운 일이다. 만일 자기 자신을 사랑하지 못한다면 다른 어떤 존재도 진짜 사랑할 수 없으며, 자신을 희생해서까지 다른 존재를 먼저 사랑하는 것은 좋지 않다고 이야기한다. 특히 우리 아이들과 젊은 세대는 부모 세대와 달리 "네가 제일 중요해. 그러니 네가 가장 원하는 걸 해"라는 말을 자주 듣고 자라나 자기 자신을 중심에 놓고 의사결정 하는 것이 매우 자연스럽다.

또한 무엇인가를 하려 할 때 그것이 내가 좋아하는 것인지 지금 당장 만족감을 느끼게 하는 것인지 따져보는 데 익숙하다. 이는 현대인의 대표적 소비 키워드인 '가심비'(가격 대비 심리적 만족)라는 표현에도 잘 나타난다. 가격 대비 성능을 따지는 가성비와 달리 구매 후 당장 느끼는 만족감을 더 중요하게 여기는 가심비는 이 세대가 얼마나 현재 지향적인지 단적으로 보여준다.

이와 같은 나 중심적, 현재 지향적 생각은 니체적 세계관의 핵심이다.

니체는 "신은 죽었다"라는 선언에서 모든 것을 시작한다. 현대를 사는 사람들은 포스트모더니즘 영향으로 종교는 기호에 따라 취사선택할 수 있는 것이라 생각해 이 말이 자신의 삶에 얼마나 큰 영향을 미치는지 잘 와닿지 않을 수도 있다. 하지만 인간이 살아가는 방식은 기독교의 하나님이 죽었다 선포된 그 순간을 출발점으로 완전히 바뀌었다.

니체적 세계관에서는 신이 더 이상 존재하지 않으므로 사람은 신과 아무런 관계가 없다. 사람에게 자기 자신보다 우선하여 고려해야 할 대상은 사라졌으며 죽음 이후의 심판도 두려워할 이유가 없어졌다. 단지 살아 있는 동안 각자 자신이 맘에 드는 새로운 인생의 의미를 창조한 뒤 그것에 따라 살면 되는 것이다. 이에 니체적 세계관을 가진 사람들은 매 순간 자신이 원하는 것을 최우선 순위에 놓고 생각하고 결정하며 살아간다.

반면 성경적 세계관에서는 하나님이 살아계신다. 하나님은 살아계실 뿐만 아니라 온 세상과 모든 사람을 지켜보시며 돌보시기 때문에 사람과 신은 밀접한 관계에 있다. 또한 심판과 죽음 이후의 삶이 존재한다고 말한다. 그래서 성경적 세계관을 가진 사람들은 유일한 주관자이신 하나님께 삶의 기준과 우선순위를 두고자 애쓴다. 로마서 12장 2절 "너희는 이 세대를 본받지 말고 오직 마음을 새롭게 함으로 변화를 받아 하나님의 선하시고 기뻐하시고 온전하신 뜻이 무엇인지 분별하도록 하라"라는 말씀대로, 살아가는 동안 자신이 좋아하는 것보다 하나님의 뜻이 무엇인지 먼저 묻고 그에 따라 행동하려고 한다. 고린도전서 10장 31절 "그런즉 너희가 먹든지 마시든지 무엇을 하든지 다 하나님의 영광을 위하여 하라"라는 말씀처럼 말이다.

### 개인적 일상에서 마주한 성경적 세계관

나에게 들려주신 이야기 10
#### 팥으로 메주를 쑨다 해도 믿어지는 관계

내가 다녔던 대학교에서는 〈창조와 진화〉가 교양필수 과목이었다. 그래서 1학년 때 하나님을 믿기는커녕 전혀 알지도 못하는 상태였는데도 그 수업을 들었다.

수업시간은 괴로웠다. 교수님께서 도무지 무슨 말씀을 하시는 건지 전혀 이해되지 않았고 믿어지지도 믿고 싶지도 않았다. 이런 수업을 필수로 들어야 한다는 게 시간이 아까웠다.

이후로 나는 대학교 2학년 때 하나님을 믿게 되었고 그 뒤로 계속 하나님을 알아갔다. 모르는 게 너무 많아 하나님을 처음 일대일로 만나게 해 준 말씀 묵상을 거르지 않으려 애썼고 말씀 안에서 하나님의 뜻 특히 하나님의 본심을 늘 궁금해하며 찾으려 했다.

그렇게 하나님을 믿고 15년쯤 되었을 때, 내가 다니던 교회에서 〈창조와 진화 세미나〉가 열린다는 소식을 들었다. 나는 대학교 1학년 때의 기억을 떠올리며 그 세미나를 엄청 기대했다. 뭔가 이번에는 강의를 들으면 이해도 쏙쏙 되고 다 믿어지고 해서 재미있는 시간이 될 것 같았다.

그런데 막상 세미나에 참석해 강의를 들으니 여전히 강사분 말이 완전히 이해되지는 않았다. 하지만 강의가 끝나고 생각해 보니 나는 대학교 때와는 확실히 달라져 있었다.

창조와 진화 강의 내용이 다 이해되지 않는 것은 예전과 마찬가지였지만, 지금의 나는 하나님께서 "태초에 천지를 창조하셨다"라고 하신 말씀이 완전히 믿어지기 때문이다.

나는 그런 나 자신이 너무 신기해서 하나님께 여쭤봤다. "하나님, 저 어떻게 하나님께서 태초에 천지를 창조하셨다는게 이렇게 완전히 믿어져요? 진짜 의심 하나 없이 믿어지는데 어떻게 이렇게 됐죠?"

그때 하나님께서 말씀하셨다. "내가 말했으니까. 내가 한 말이니까. 넌 내가 팥으로 메주를 쑨다고 해도 믿어질걸? 그 말 자체가 믿어져서가 아니라 내가 한 말이니까 믿어지는 거지. 지금은 너와 내가 그런 사이가 되었으니까."

정말 맞다. 나는 하나님을 알아가며 하나님을 더욱 신뢰하게 되었다. 그분이 얼마나 신실하신 분이신지 얼마나 틀림이 없으신 분이신지 알게 되었다. 그래서 더 이상 그 분 말씀 자체가 내게 얼마나 이해되는가는 중요하지 않아졌다. 그저 내가 완전히 신뢰하는 관계에 있는 그분의 말씀이면 태초에 말씀만으로 천지를 창조하셨다고 해도 믿는데 아무 문제가 없어졌다.

당신과 하나님은 어떤 사이인가? 그 관계의 어떠함에 따라 당신이 중요하게 여기는 것과 현재와 미래를 대하는 태도는 달라질 수 있다.

포스트모더니즘 시대에 잃어버린 하나님과의 관계를 회복함으로써 우리와 우리 아이들 안에 우선순위가 바로 세워지고 성경적 세계관에 기반을 둔 삶의 태도가 되살아나길 바란다.

개인적 일상에서 마주한 성경적 세계관

나에게 들려주신 이야기 ⑪
## 나보다 하나님을 좋아지게 하는 관계

그 주에는 특별히 주변 사람들이 "연임 박사님은 참 좋은 사람이에요." 라는 말을 연달아 많이 해주었다. 그래서 출근하는 길에 한껏 즐거운 기분으로 하나님께 물었다.

"하나님, 요즘 부쩍 사람들이 저한테 좋은 사람이라고 말하며 좋아해 주는데요. 저 정말 이전보다 더 좋은 사람이 된 걸까요?"라고.

그때 하나님께서는 "사람들이 좋아해 주는 건 감사한 일이지. 그런데 정말 많은 사람이 너를 좋아하면 네가 좋은 사람이 된 걸까?"라고 되물으셨다.

나는 "그렇지 않을까요?"라고 대답하고 다음 말씀을 기다렸다.

고전이 알려주는 생각의 기원

그때 하나님께서는 이렇게 이야기하셨다.

"연임아, 네가 만난 사람들이 너를 만난 그때이든 한참 나중이든 네가 아닌 나를 더 좋아하게 되어야 네가 진짜 좋은 사람이 된 거 아닐까? 난 네가 진짜 좋은 그리스도인이 되면 사람들이 너로 인해 나를 이전보다 더 좋아하게 될 거 같은데?"라고.

순간 '그렇다'는 생각이 들었다. 늘 만나는 사람들에게 하나님을 더 알리고 싶다고 했으면서도 정작 사람들이 나를 만난 후 내가 아닌 하나님을 얼마나 더 좋아하게 되었는지 제대로 관심을 가지지 못했다.

나는 정말이지 하나님을 더 좋아지게 만드는 사람이 되고 싶은데 말이다.

사람들과의 관계 속에서 자신이 얼마나 사랑받고 있는지 확인하고 싶은 것은 너무나도 자연스러운 일이다.

하지만 우리와 우리 아이들은 자신이 얼마나 사랑받고 있는가 보다, 자신이 만나는 사람들 가운데 하나님께서 얼마나 사랑스러운 분으로, 얼마나 존중받는 분으로 계시는지 생각하는 사람이 되면 좋겠다.

## 부모공경 – 마음이 내키는 대로의 공경

### 부모와 자녀 간의 관계 변화

요즘 부모나 자녀를 돌보는 일은 "내가 하고 싶을 때, 내 행복을 먼저 누린 뒤에 하겠다"는 말을 자주 듣는다. 간혹 자녀들이 부모공경을 평생 애쓰는 덕목이 아니라 각자가 정해놓은 규칙 안에서 지키는 약속 정도로 생각하는 것 역시 보게 된다.

얼마 전 새로 나간 모임에서 서로 가족 근황을 나누게 되었다. 한 분이 최근 남동생이 결혼했는데 결혼하자마자 "저희는 명절, 생신에 양가 어디도 가지 않기로 했어요"라고 통보한 뒤 실제로 오지 않아 무척 당황했다고 하셨다. 그러자 옆에 이제 막 결혼하신 여자분이 "시부모님께 돈은 드릴 수 있지만, 시간을 길게 함께 보내고 싶지는 않아서 만나면 언제나 잠깐 인사 정도 하고 헤어진다" 라고 말했다. 이러한 결정들은 부모의 입장보다 자녀의 입장에서 합리적이고 편한 방법을 찾아 행동한 것에 가까워 보인다.

이는 니체적 세계관과 맞닿아 있다. 니체적 세계관에서는 남이 세운 기준과 목표가 아닌 자기 스스로 설정한 방향과 기준에 따라 사는 삶을 지향한다. 그래서 니체적 세계관을 가진 사람들에게 부모공경은 마땅히 지켜야 할 도리라기보다 각자의 선택이다. 만일 어떤 사람이 자신이 부모를 공경하는데서 삶의 의미를 찾을 수 있다면, 그 사람은 부모를 공경하며 살면 된다. 하지만 다른 어떤 사람이 부모를 공경하는 것이 자신의 삶에서 의미도 없고 기쁘지도 않은 일이라고 한다면, 그 사람은 굳이 억지로 부모를 공경하느라 애쓰지 말고 진짜 자신이 즐거운 것을 찾아 그것을 하며 살면 된다.

반대로 이 세계관에서는 부모 역시 자녀에게 지켜야 할 도덕을 마음대로 정할 수 있다. 혹시 온라인 게임 중독으로 어린 자녀를 방치해 죽게 한 부모나, 훈육을 핑계 삼아 자녀에게 폭력을 일삼은 부모 이야기를 들어본 적이 있는가? 이러한 부모의 행동은 부모로서 자녀를 돌보는 것이 아닌 그저 부모가 자기 자신의 입장에서 좋은 데로 행동한 것에 불과하다. 니체적 세계관에 따르면 만일 어느 부모가 자신은 아이를 키우고 아이와 함께 하는 데서 아무런 기쁨을 느끼지 못하겠다며 아이를 방치하거나 버린

고전이 알려주는 생각의 기원

다 해도, 아무도 그 부모에게 부모의 도리를 운운할 수 없다.

이렇게 니체적 세계관을 가진 사람들은 부모 자녀 간의 도덕을 상호관계가 아닌 각자의 입장에서 해석하고 재편한다.

성경적 세계관에서 부모를 공경하는 것은 십계명 중 하나이다. 이는 사람이 좋든 싫든 동의 되든 그렇지 않든 간에 하나님께서 지키라 말씀하신 것이기 때문에 지키는 것이다. 여기서 사람은 이 도덕률을 정한 하나님의 속성과 성품을 신뢰함으로 도덕을 따르며, 이는 개인의 선호나 감정보다 우선한다.

성경적 세계관을 가진 사람들은 성경의 특정 부분이 아닌 66권 모두를 하나님 말씀으로 믿기 때문에 자신의 입장에서 유리하고 좋은 말씀만 골라서 행하지 않는다. 자녀로서 부모에게 부모가 할 도리만 이야기한다거나, 부모로서 자녀에게 자녀가 할 도리만 이야기하지 않는다. 오히려 부모는 자녀에게 공경과 순종을 말하는 동시에 부모로서 하나님의 말씀을 가르치고 자녀를 노엽게 하지 말라는 말씀을 지키려 노력한다. 또한 자녀는 부모에게 자신을 노엽게 하지 말라 주장만 하지 않고 부모의 권위를 존중하며 순종하고자 한다. 에베소서 6장 말씀처럼 성경적 세계관에서 부모 자녀 간의 도덕은 서로에게 바람직한 행동을 찾아 힘쓰는 모습으로 나타난다.

나에게 들려주신 이야기 12

# 감정을 넘어 의지로 지키는 도덕

박사과정 중 잠시 학업을 중단하고 남편을 따라 2년 정도 외국에 나가 살다가 돌아왔던 때의 일이다. 집안에 안 좋은 일들이 한꺼번에 겹쳐, 당시 나는 다시 공부를 시작해 박사과정을 마무리하는 게 좋을지 아닐지 판단을 못 하고 있었다. 최우수 논문상, SCI 저널 논문 게재 등 이미 꽤 많은 성과를 낸 상황이었기 때문에 웬만하면 다시 공부를 시작해서 학위를 마치고 싶었지만 집안 상황도 고려하지 않을 수 없었다.

어머님께서는 처음에 내가 다시 학교로 돌아가 박사과정을 마치는 것을 반대하셨다.

신혼 초 하나님께 어머님과 어떻게 지내는 것이 정말 하나님께서 원하시는 건지 물어본 적이 있었다. 그때 하나님께서 "연임이 네가 드라마에 나오는 고부 관계로 너와 네 어머니 관계를 정의하지 않으면 내가 완전히 새로운 고부 관계가 어떻게 그리고 어디까지 가능한지 보여줄게. 그리고 어머니에게 잘하려고 하지 말고 진짜 어머니를 사랑하렴."이라고 말씀해주셨다.

그때부터 나는 어머님께서 말씀하시면 바로 거스르지 않고 기다리기로 했었기 때문에, 이때도 조금 더 기다렸다가 어머님께 다시 박사과정을 마무리 하고 싶다고 말씀드렸다. 내 말을 다 듣고 나서 어머님께서는 내가 그렇게 하는 게 좋겠다고 생각하면 그게 맞을 거라고 내 뜻을 존중해 주셨다.

어머님과 나는 거의 매일 하루에 30분에서 1시간은 함께 마주 앉아 그날 있었던 소소한 일들, 고민, 말씀 묵상한 것들, 새롭게 알게 된 하나님에 관해 이야기를 나눈다. 어머님과 함께 사는 데 어려움이 하나도 없다면 거짓말이겠지만, 함께 살면서 정말 많은 것을 배우고 내 삶이 규모 있어짐을 느낀다. 어머님께서도 나로 인해 분명 힘드신 것이 여럿 있으실 텐데, 언제나 더 많이 참아 주시고 더 오래 기다려 주신다. 이것이 부모의 내리사랑인 것 같다.

때때로 감정보다 의지를 세워 부모를 공경해야 할 때가 있다. 그렇다 하더라도 그렇게 의지를 먼저 세워 하나님 말씀을 지켜나가다 보면 감정도 함께 성숙함을 보게 된다. 하나님께서 힘주시고 지지해 주시는 것도 알게 되고 말이다.

지금 어머님은 내가 가장 존경하는 가족이고 이 세상 누구보다 나를 최고로 지지해 주시는 분이다. 내가 새로 사업을 시작했을 때 어머님께서는 자신의 사업을 시작하신 듯 꼼꼼히 필요한 것들을 챙겨주셨다. 내가 이 책을 쓴다고 말씀드렸을 때도 너라면 정말 좋은 글을 쓸 수 있을 거라고 확신에 찬 목소리로 응원해 주셨다. 이렇게 나는 하나님의 계명이 얼마나 옳은 것인가를 계명을 지킴으로 알아가고 있다.

참고로 지금 어머님 핸드폰에 내 이름은 "나의 동역"으로 저장되어 있다.

'마음이 내키는 대로의 공경' 보다 '말씀이 시키는 대로의 공경'이 얼마나 부모 자녀 간의 관계를 성숙하고 풍성하게 하는지 우리와 우리 아이들이 경험할 수 있으면 좋겠다. 또 미디어가 보여주는 특정 관계에 대한 이미지를 보고 나의 관계 역시 그렇게 될 것이라거나 그렇게 되는 것이 맞는 것이라고 섣불리 단정 짓지 않기를 바란다.

# 불륜 – 마음이 시키는 대로의 사랑

## 남편과 아내 간의 관계 변화

이틀 연속으로 두 분이 울면서 전화를 하셨다. 남편이 바람을 피운 걸 알게 됐다며 정말이지 어떻게 해야 할지 모르겠고 자신의 영 혼 육이 다 깨어져 나가는 것 같다고 했다. 참담했다. 직접 만나서 보니 얼마나 울었는지 눈은 퉁퉁 부었고, 얼굴은 까칠한 것이 먹지도 자지도 못했던 게 분명했다. 도대체 왜 불륜 문제는 이토록 끊이지 않는 걸까? 내가 직접 들은 이야기만 해도 몇 번인지 셀 수도 없다.

당사자 자신은 마음이 끌리는 대로 행동해서 기쁨과 즐거움을 느꼈을지 모르겠지만, 배우자는 두 장의 종이가 풀로 붙였다가 억지로 떼어낼 때 처참하게 찢어지듯 아프고 상처를 받는데 불륜이 정말 지지받을 수 있는 행동일까? 사람이 자신의 감정을 잘 돌아보고 인정하며 존중하는 것이 나쁘다는 것이 아니다. 그것은 정말 필요한 일이다. 하지만 여기서는 부부가 부부간의 관계를 지키기 위해 정의된 도덕보다 자신의 감정을 우선시해도 괜찮은 것인가를 묻는 것이다. 또한 자신의 만족감을 위해 사회 구성원들 안에서 정의된 도덕 규정 자체를 침범해도 되는지 의문을 던지는 것이다.

니체적 세계관에서는 공동체가 정한 도덕보다 우선한 개인의 즐거움이 용인된다. 개개인이 자신의 욕망과 선호에 근거해 스스로 삶의 의미를 정하고 이를 추구하는 것이 사람들을 궁극적으로 행복하게 하는 좋은 것이라고 보기 때문이다. 그래서 결혼을 해서 부부라는 관계 안에 들어갔다 할지라도 남편이 아내와 함께 사는 것에서 의미를 발견하지 못하고 즐겁지도 않다면 새로운 기쁨이 되는 관계를 찾아 즐길 수 있다. 반대로 아내 또한 남편과 살면서 자신이 꿈꾸고 기대했던 삶의 의미를 경험하지 못한다면 다른 데로 눈을 돌려도 비난할 수 없다.

한편 상처받은 배우자가 불륜을 저지른 배우자를 어떻게 대할 것이냐의 문제 역시 니체적 세계관에서는 각 개인이 좋을 대로 선택하면 된다. 바람을 핀 배우자를 욕하고 보복해도 되고, 참고 용서해도 되고, 아니면 맞바람을 피우며 자신도 마음대로 살겠다고 해도 괜찮다. 상처받은 배우자 스스로가 결정한 것이기만 하면 그 선택은 어떤 것이어도 상관없다.

니체적 세계관에 영향을 받은 사람들에게는 "결혼을 했지만 그래도 애인이 필요하다"라고 말하는 것이나 "결혼한 사람에게도 즐길 권리가 있다"라고 말하는 것이 전혀 이상하지 않다. 왜냐하면 니체적 세계관에서는 탐욕이나 욕구가 오히려 사람에게 살아갈 힘과 동기가 되어주는 선한 것이라 말하기 때문이다. 그뿐만 아니라 인간이 어떻게 해야 진정한 행복을 누리며 살 수 있을지, 올바르게 살 수 있을지는 인간 스스로가 결정하고 답할 수 있는 것이라 주장한다.

반면 성경적 세계관에서는 하나님과의 관계, 이웃과의 관계를 깨뜨리는 인간의 탐욕과 욕구를 악으로 규정한다. 그래서 그것을 존중하거나 따르지 말고 반드시 다스리라고 말한다. 창세기 4장 7절 "네가 선을 행하면 어찌 낯을 들지 못하겠느냐 선을 행하지 아니하면 죄가 문에 엎드려 있느니라 죄가 너를 원하나 너는 죄를 다스릴지니라"라는 말씀처럼 말이다. 또한 모든 개개인은 스스로 최선을 다해 삶에서 거룩함을 지키기 위한 태도를 취하라고 도전한다.

성경적 세계관을 가진 부부는 각자의 인간적 욕구가 아닌 '예수 그리스도 안에서 다스려진 욕구'로 부부의 관계를 가꾸고 지키기 위해 힘쓴다.

남편은 아내 사랑하기를 그리스도께서 교회를 사랑하시고 그 교회를 위하여 자신을 주심같이 하려고 노력한다. 참기 어려운 유혹이 있다 하더라도 죽음을 각오하는 심정으로 욕구를 다스리려 한다. 아내는 범사에 자기 남편에게 복종하기를 주께 하듯 교회가 그리스도에게 하듯 하려고 애쓴다. 아무리 자기 생각과 다른 부분이 있다 하더라도 하나님께서 부여하신 남편의 권위를 인정하려 한다. 즉 상대방을 비난할 목적으로 계명을 이용하지 않고 각자 자신에게 해당하는 계명을 스스로 지키려고 힘쓴다. 이 모습은 에베소서 5장 말씀에 잘 설명되어 있다.

---

**개인적 일상에서 마주한 성경적 세계관**

나에게 들려주신 이야기 **13**

## 내 생각이 아닌 하나님 말씀에 근거해 지키는 관계

내 남편은 목사다. 그래서 나도 모르게 가끔 남편에게 "내가 생각하는 목사님은 이러이러해야 하는데 당신은 왜 안 그래?"라고 말하곤 했었다. 그날 아침도 뭔가 그런 말을 남편에게 했던 것 같다. 늘 수더분한 남편이었는데 그 날은 이런 내 잔소리를 듣는 남편의 기분이 별로 안 좋아 보였다.

그렇게 아침을 보내고 출근하는데 하나님께서 말씀하셨다.

"연임아, 네 남편은 네가 원하는 목사는 안 될 거야. 그런데 내가 원하는 목사는 될 거야. 내가 그렇게 인도하고 있으니까. 그러니까 네가 원하는 모습은 포기하렴. 근데 그래도 괜찮지 않겠니? 네가 원하는 모습보다 내가 원하는 모습이 더 기대할 만할 것 같은데."

하나님 아버지의 말씀을 듣고 나니 남편에게 미안하기도 하고 뭔가 든든

---

고전이 알려주는 생각의 기원

하기도 했다. 나는 나를 인도하시는 그 하나님이 내 남편도 동일하게 인도하고 가꿔가고 계신다는 걸 그동안 너무 놓치고 있었다는 생각이 들었다.

그날 이후로 나는 내가 생각하거나 기대하는 모습과 다른 남편의 모습이 보여도 그 전만큼 실망하거나 화내지 않게 되었다. 오히려 여유를 가지고 기다리게 되었다. 말씀으로 우리 둘 다 지금 하나님께서 인도하시는 과정 중에 확실히 있다는 믿음이 생겼기 때문이다.

부부의 관계를 아름답게 가꿔가는 것이 얼마나 어려운 일인지 잘 알고 있다. 얼마나 어려운지 종종 하나님 아버지의 도움 없이는 성경이 묘사하는 모습으로 가정이 세워지는 건 불가능한 일이라는 생각도 한다. 하지만 동시에 성경에 쓰여져 있기 때문에 하나님께서 주신 계명을 하나씩 지켜가다 보면 그 일이 이루어질 것이라는 믿음도 생긴다.

이렇게 시작해 보면 어떨까? 일단 말씀에 먼저 순종해보자. 그리고 배우자가 내가 생각하는 배우자의 모습과 다를 때 속상해 하고 화내고 포기해 버리지 말고 배우자를 향한 하나님의 생각과 마음을 가만히 묵상하며 살펴보자. 같은 상황이라 하더라도, 배우자를 향한 아버지의 뜻과 본심을 깨닫게 된다면 좀 더 지혜롭게 행동할 수 있을 것이다.

# 5장

# 받는 만큼만
# 일한다

막스 베버의 [프로테스탄트 윤리와 자본주의 정신]

# ORIGIN OF THOUGHTS

밀레니얼 세대들에게 좋은 직장의 조건을 물어보면 급여, 성과급 등 금전적 만족과 워라밸(Work & Life Balance) 보장 등을 우선으로 뽑는다. 동시에 워라밸을 잘 보장받지 못한다 하더라도 충분한 보상이 있다면 어느 정도는 참을 수 있다는 입장을 취한다. 밀레니얼 세대보다 더 신세대라고 하는 Z 세대 역시 입사하기 싫은 기업으로 야근, 주말 출근 등 초과 근무가 많은 기업과 업무량 대비 연봉이 낮은 기업을 꼽는다.

이런 이야기를 듣다 보면 '받는 만큼 일하는 것'이 최근 젊은 세대의 직업을 대하는 방식인 듯 보이지만 기성세대 역시 크게 다르지 않다. 실제 직장에 불만을 토로하는 중년 세대가 자주 하는 말 역시 "돈은 조금 주는데 일은 많이 시킨다"라거나, "연봉은 그대로인데 일만 늘었다"라는 말이다. 또한 누군가가 받는 돈에 비해 일을 너무 열심히 한다 싶으면 "그거 받고 뭐 그렇게까지 일하냐", "적당히 요령껏 해라" 라는 말로 핀잔을 주는 일도 주변에서 흔히 볼 수 있다. 상황이 이러하니 현대인들의 일의 의미는 돈, 워라밸 등과 같이 지금 당장 주어지는 보상에 의해 결정된다고 해도 틀린 말은 아닐 것이다.

그렇다면 인간은 늘 지금 당장의 보상에서 일의 의미를 찾아 왔을까? 혹시 일의 의미를 다른 데서 찾았던 때는 없었을까? 있었다면 그 사회의 모습은 지금과 어떻게 달랐을까?

우리나라의 공무원 시험 열풍은 좀처럼 수그러들 기미가 보이지 않는다. 미 유력일간지 중 하나인 LA타임스는 "한국에서 공무원 시험 합격은 하버드대 입학보다 어려운 일이다."라는 기사로 이러한 현상을 소개하기도 했다. 우리나라 청년들은 왜 그토록 공무원이 되고 싶은 것일까?

20대를 대상으로 한 설문조사에서 직업으로 공무원을 선호하는 이유에 대해 70%가 넘는 응답자가 "정년보장, 연금 등 직업 안정성이 뛰어나서"라는 답변을 했다고 한다. 청년들은 일자리 불안 관련 통계들이 쏟아져 나오는 요즘 자신의 적성, 관심, 가치 등에 맞춰 직업을 선택한다는 것은 사치라고 말한다. 또 할 수만 있다면 무엇보다 미래에 대한 불안과 걱정에서 오랫동안 벗어날 수 있도록 안정성이 높은 직업을 갖고 싶다고 이야기한다.

요즘 사람들은 누가 일을 많이 하든 적게 하든 일이 의미가 있든 없든, 돈을 버는 일이 아니라면 그 일을 일로 간주하지도 직업으로 존중하지도 않는 경향이 있다. 대표적으로 전업주부의 일인 가사와 자녀 양육은 매우 중요하고 의미 있는 일임에도 돈이 되는 일이 아니라는 이유로 무시받기도 한다.

미디어도 이러한 생각을 부추기는데 한몫하고 있다. 드라마나 영화를 보면 집안에서 아이를 돌보는 여성보다 바깥에서 돈을 버는 여성이 더 능력 있고 멋있는 사람으로 묘사된다. 그리고 사람들이 직업적으로 성공한 여성을 더 좋아하고 부러워하며 닮고 싶어 하는 것으로 그린다. 이와 같은 사회의 시선과 메시지가 자녀 양육을 위해 직업을 내려놓은 엄마들을 우울하게 하고, 스스로를 능력 없는 사람으로 생각하게 만들어 자존감을 떨어뜨리고 있다.

그런데 꼭 돈을 버는 일만 일로서 인정받고 존중받을 만한 것일까?

제 5장에서는 소명의식을 가지고 자신에게 주어진 일을 해 나간 프로테

스탄트들을 관찰하여 근대 자본주의 정신을 설명한 막스 베버의 이야기와 그러한 프로테스탄트들의 행동으로 인해 나타난 당시 사회 변화를 알아보자. 동시에 인간과 세상을 설명하는 절대 진리요 기원인 성경은 그에 대해 어떻게 이야기하는지 살펴보자.

## 베버가 들려 준 이야기

# 받는 만큼만 일한다

[프로테스탄트 윤리와 자본주의 정신][13]

새로운 근대 자본주의 정신에 의거한 경제생활을 창출해 내는데 결정적인 역할을 한 주역들은 경제발전의 모든 시기에서 볼 수 있는 무모하고 비양심적으로 부를 쫓는 투기꾼들이나 경제적 모험가들이나 그저 돈이나 굴리는 대규모의 금융업자들이었을 것이라고 생각하기 쉽지만 사실은 그런 사람들이 아니라 냉혹한 인생학교에서 성장하여 시민계층으로서의 엄격한 시각과 원칙을 갖춘 가운데 신중하면서도 과감하게, 특히 냉정하고 꾸준하며 치밀하고 철저하게 자신에게 맡겨진 소명을 수행한 사람들이었다.

___제 2장 자본주의 정신

# [프로테스탄트 윤리와 자본주의 정신]이 등장하다

자본주의란 무엇일까?

우리는 일상에서 자주 '자본주의'라는 말을 들으며 살아가고 있다. 자본주의 시장, 자본주의 체제 등등 말이다.

경제학자들이 말하는 '자본주의'의 학문적인 정의가 무엇인지 정확히 모르더라도 일반인들도 시장에서 자유롭게 물건을 사고팔고, 돈을 벌어, 그 돈으로 내가 원하는 것을 소유할 수 있는 일상적인 경제 활동을 자본주의라고 생각한다. 즉 개인의 사유재산권을 기본권의 하나로 존중하는 체제를 자본주의라고 이해하고 있는 것이다.

고전경제학의 아버지라고 불리는 아담 스미스는 1776년에 쓴 [국부론]에서 인간에게는 누구나 자아사랑(Self-Love)이라는 감정이 있다고 했다. 자아사랑의 감정을 토대로 자기의 이익을 추구하면서 최선을 다해 좋은 물건을 만들어 팔고 이익을 남기고자 한다는 것이다. 그리고 이때 '보이지 않는 손(Invisible Hand)'이 나타나 각 개인의 이윤추구 노력이 사회 전체의 이익이 되는 방향으로 나아가도록 조절한다고 말했다. 그러니 국가는 시장의 흐름에 개입하지 않고 보이지 않는 손에 맡겨 놓아야 효율성을 유지하게 된다고 말이다.

"우리가 식사할 수 있는 것은 푸줏간, 술도가, 빵집 주인의 자비심이 아니라 자기 자신의 이익에 대한 그들의 관심 덕분이다." 아담 스미스가 [국부론]에 쓴 이 유명한 글은 자본주의를 가장 잘 표현한 말로 널리 알려져 있다. 그러나 경제학자이기 이전에 도덕철학자였던 아담 스미스가 말한 '보이지 않는 손'은 오직 개인의 이익을 위해 경쟁을 부추기기만 하는 차가운 손이 아니라, 인간의 이기심이 적절히 통제되어 전체 사회 발전에 도움이 되도록 개입하는 '따뜻한 손'을 의미하는 것이라고 한다.

고전경제학이 말하는 자유로운 시장경제 중심의 자본주의와 마르크스가 주창하였고 개인의 사유재산권과 자유로운 시장에서의 경쟁을 배제하는 공산주의가 모두 선택지에 나와 있었던 19세기, 막스 베버는 역사상 계속 존재했던 상식적이고 자연스러운 자본주의와 16세기 종교개혁 이후부터 발달하기 시작했던 근대 자본주의 사이에 뭔가 확연히 다른 점이 있다는 사실을 간파해 내었다. 그것은 이전의 자본주의가 그저 맹목적으로 개인의 이익을 추구하고 재산을 불리기 위한 것이었다면 근대 자본주의에는 도덕의 향기가 깃들어 있다는 것이었다. 그리고 근대 자본주의에 도덕의 향기를 덧입힌 것이 바로 프로테스탄티즘 즉 개신교 정신이었다는 것을 밝혀 내었다.

베버의 이러한 발견이 학술논문의 형태로 정리된 것이 바로 [프로테스탄트 윤리와 자본주의 정신]이다. 마르크스가 경제 현상을 오직 유물론적인 관점으로만 설명하려 했었다면 베버는 '경제 현상의 이면에는 정신적인 영향에 따라 달라지는 측면도 있다'라는 관념론 차원의 설명을 추가하려고 했었다.

그렇다면 베버가 이 책에서 주장하는 프로테스탄트들 즉 개신교도들의 윤리는 무엇이었을까?

유럽 사회는 16세기 종교개혁 이후에 전통적으로 카톨릭의 세력이 강한 곳과 새롭게 등장한 개신교의 세력이 강한 곳으로 나누어지게 된다.

베버는 그 지역 간에 두드러지는 점을 발견했는데, 개신교가 강한 도시가 다른 도시들보다 경제적으로 훨씬 부유하다는 사실이었다. 나아가 직업통계 상으로도 자본가, 기업가, 그리고 기술이나 상업 분야에 종사하는 고급 숙련노동자들 대부분이 개신교도라는 것을 확인했다.

그래서 베버는 종교개혁이 단순히 개인의 종교 형태만을 바꾼 것이 아니라 한 사람의 사적인 삶과 공적인 삶의 모든 영역을 대단히 강도 높게 규율하고 통제하면서 새로운 시민 중산계층을 만들어 냈다고 결론을 내리게 되었다.

종교개혁 이후, 새롭게 등장하게 된 개신교도들은 칼뱅주의, 경건주의, 감리교, 그리고 재세례파 등으로 나누어질 수 있다. 이들은 각각 고유하게 가지고 있는 교리적인 차이에도 불구하고 공통적으로 근대 자본주의 정신의 형성에 기여하는 신앙체계를 가지고 있었다. 그것은 바로 내세에 대한 소망과 구원에 대한 확신을 얻고자 하는 마음, 그리고 이것을 삶 속에서 확인하는 방법으로서의 직업과 소명의식, 그리고 금욕주의였다.

중세로부터 이어 온 카톨릭에는 내세에 천국에 가기 위해 고해성사와 성례(카톨릭 신자로서 행해야 하는 종교 의식들), 그리고 심지어 면죄부라는 눈에 보이는 방법들이 존재했다. 사제에게 규칙적으로 자신의 죄를 고백하고 선행을 함으로써 직접 죄가 사해졌다는 말을 들을 수 있었고, 성례전에 참여하여 예수 그리스도의 몸된 교회의 일원임을 확인받을 수 있었으며, 그마저도 안되었다면 면죄부를 구매함으로써 천국을 보장받을 수 있었다.

그러나 종교개혁이 있고 난 뒤 칼뱅의 예정론이 등장하면서 개신교도들은 자신의 구원을 확신할 수가 없게 되었다. 칼뱅에 따르면 성도는 오직 믿음으로 의롭다 함을 인정받고 구원을 받는다. 이신칭의(以信稱義) 교리이다. 그리고 구원을 받을 사람들은 이미 하나님께서 주권적으로 예정해 놓으셨다고 말한다. 그렇다면 내가 구원받기로 예정된 사람인지 아닌지 도대체 어떻게 알 수 있단 말인가? 이것이 종교개혁 이후 개신교도들이 가졌던 인생의 가장 큰 관심사이자 불안감의 근원이었다.

나의 믿음을 어떻게 증명하고, 그 믿음으로 구원받았다는 것은 또 어떻게 확증할 수 있는가? 칼뱅은 사람이 하나님을 믿는 믿음을 가지고 있다는 사실 자체가 구원에 대한 징표라고 말했다. 전적으로 부패한 죄인인 인간이 창조주 하나님을 믿는 믿음을 가진다는 그 자체가 하나님의 은혜가 아니면 불가능하기 때문이다. 그러니 지금 현재 교회에 나와 신앙생활을 하고 있다면 이미 구원받은 사람이라고 믿고 구원받은 자답게 살아가라고 했던 것이다.

그러나 이러한 설명은 여전히 부족한 감이 있었고 신자들을 불안에 떨게 했다. 이에 당시 사람들은 하나님께서 나에게 주신 직업을 통해 하나님께 영광을 돌림으로써 구원에 대한 확신을 얻고자 했다. 만일 하나님께서 내게 주신 일들을 내가 가진 이성과 노력으로 체계적으로 잘 조직하고 최선을 다해 잘 해낸다면 그래서 하나님께서 그에 대한 보상으로 나에게 경제적인 축복을 주신다면, 그것이야말로 가장 확실한 구원의 증거라고 생각했다.

이러한 믿음 위에 개신교도들에게는 '소명으로서의 직업'이라는 개념이 생겼다. 카톨릭이 세속적인 일은 성직에 비하여 천하다고 했던 것과는 달리, 개신교는 하나님께서 주신 모든 일은 다 귀한 일이며 자신을 향한 하나님의 부르심(Calling) 즉 '소명'이라고 주장하였다. 그러니 각자에게 주신 일들은 하나님의 영광을 위해 최선을 다해 잘 해 내어야 했다. 그 결과로 물질적인 부가 축적된다면 그것은 하나님께서 주시는 구원과 축복의 확실한 증거가 되었다. 개신교도들에게 부도덕한 일이란 시간을 낭비하여 태만하게 살거나 하나님께서 주신 물질적인 부를 개인적인 사치에 사용하여 낭비하는 일이었다. 구원받은 신자라면 금욕적인 생활을 해야 했고, 물질은 하나님의 뜻에 따라 이웃이나 사회에 흘려 보내거나 미래에 있을 주님의 사역을 위해 잘 저축해 놓아야 했다. 그래야 나중에 천국에 갈 수 있다고 믿었다.

이처럼 천국을 소망하는 내세관을 가진 개신교도들의 신앙은 현세에서 가장 합리적이고 조직적으로 삶을 꾸려 나가고자 하는 삶의 윤리로 발전하였다. 베버는 개신교도들의 그러한 행동이 근대 자본주의를 지금까지 존재해 왔던 자본주의와는 질적으로 다른 모습으로 변모시켰다고 생각했다. 베버는 [프로테스탄트 윤리와 자본주의 정신]에서 이처럼 전혀 의도하지 않고 행했던 일이 예상하지도 못했던 결과를 만들어 낸 사회 현상을 설명하고자 했다.

다만 이 책은 개신교도들이 주도한 근대 자본주의에 대한 실망과 염려로 끝을 맺는다.

16세기 종교개혁으로부터 유래된 소명의식과 자기절제와 금욕을 통한 이웃 사랑의 실천이 17세기와 18세기까지 건전한 자본주의 정신의 형성에 깊이 영향을 끼치면서 발전하다가, 산업혁명을 통해 급격히 경제가 성장하던 19세기에 와서는 점점 사라지고 있는 현실을 보게 된 것이다.

물론 개신교도들은 국가의 특혜를 기반으로 한 독점 자본주의나 식민 자본주의를 격렬히 반대함으로써, 국가권력과는 무관하게, 때로는 국가권력에 맞서 여전히 개인의 창의력과 자발성을 토대로 한 자본주의를 계속 발전시켜 나가는 순기능을 수행하였다.

그러나 근면 성실하고 검소하게 살면서 자연스럽게 재산이 늘어난 개신교도들은 그에 비례하여 육체적인 욕망과 삶의 교만도 늘어가게 되었고, 풍요로운 현실에 너무도 만족한 나머지 천국에 대한 소망과 추구가 사라지게 되었다. 이렇게 개신교도들의 직업윤리를 지탱해주던 종교적인 힘이 사라져 버리자, 그 자리에 철저하게 세속적인 공리주의가 굳건히 자리 잡게 되었다. 다시 말해 그저 일을 조직적으로 합리적으로 효율적으로 할 뿐, 왜 그렇게 해야만 하는지에 대한 근본정신은 잊어버리고 만 것이다. 그래서 나중에는 소명을 따르라는 개신교의 윤리가 저임금으로 노동자를 착취하는 것을 정당화하는 것에 악용되기도 했고, 초심을 잃은 근대 자본주의는 이후 공산주의를 낳는 토양을 제공하기도 한다.

그렇다면 지금 우리가 누리고 있는 현대 자본주의는 과연 어떤 정신을 바탕으로 발전하고 있는 것일까? 그리고 오늘날 그리스도인으로서 우리는 현대 자본주의에 어떤 향기를 덧입혀주어야 할까?

## 막스 베버(1864-1920)는 누구인가?

막스 베버는 독일에서 정치가였던 아버지와 공리주의와 진보 신학에 영향을 받은 어머니 사이에서 태어나, 아버지로부터 실용주의와 현실주의를, 어머니로부터는 도덕적 민감성을 이어받았다고 전해진다.

법률과 경제를 공부했던 베버는 1894년 30세의 어린 나이에 프라이부르크 대학의 교수가 되었고, 2년 후 하이델베르크 대학으로 자리를 옮겼다. 법학박사 학위를 받았으나 경제학 교수로 교단에 섰고, 이후 종교사회학 연구에 몰두함으로써 현대사회학의 아버지로 불리게 된다.

1897년 아버지와의 갈등이 있고 난 뒤 갑작스럽게 맞이한 아버지의 죽음으로 충격을 받은 베버는 학교를 휴직하였고, 1918년 다시 대학으로 복귀하기까지의 기간 동안 정신질환에 시달리기도 하는 등 여러 가지 어려움이 있었으나 이를 극복하고 열정적으로 연구와 저술활동에 매진하였다고 한다.

1904년에는 베르터 좀바르트 및 에드가 야페와 함께 [사회과학 및 사회정책 논총]이라는 학술지의 편집을 맡게 되는데 이때 [프로테스탄트 윤리와 자본주의 정신] 제 1부를, 1년 후인 1905년에 제 2부를 이 학술지에 발표하였고, 1920년에 내용을 보완하여 책으로 간행하였다.

막스 베버는 어떤 사회 현상은 구성원의 의식적이고 의도적인 행위보다는 숨겨진 인과관계로 발생하는 경향이 강하다고 생각했다. 그가 [프로테스탄트 윤리와 자본주의 정신]을 쓰게 된 것도 특별히 개신교라는 신앙에 관심을 가졌거나 개신교 윤리를 옹호하기 위한 것이 아니었고, 단지 '의도하지 않은 일이 빚어 낸 사회변화'에 관한 자신의 이론을 증명하는 차원에서 연구주제로 선택한 것뿐이었다.

학자로서 막스 베버는 청교도들의 내세에 대한 갈망과 구원의 불확실성에서 기인하는 비합리성이 어떻게 합리적이고 실천적인 자본주의 윤리로 연결되는지 궁금했다. 그리고 근대 자본주의가 발생하게 된 원인을 종교와 연결하여 과학적인 연구를 통해 그 인과관계를 파악하고자 하였다.

종교와 사회에 대한 그의 관심은 [중국의 종교], [인도의 종교], [고대 유대교] 등의 논문들을 통해 지속되었고, 그 중 [프로테스탄트 윤리와 자본주의 정신]은 그 학문적 논증의 치밀함과 통찰력으로 20세기 가장 중요한 저작이자 사회학 연구들의 표본으로 인정받고 있다.

## 베버는 왜 종교가 사회에 미치는 영향에 대한 관심이 많았을까?

막스 베버가 살던 19세기 중엽은 산업혁명과 제국주의를 통해 소위 '자본주의'가 꽃을 피우던 시기였다. 그러나 그 과정에 도시화, 관료화, 세속화 등이 가속화 되었고, 물질만능주의가 활개를 치게 되었으며 그로 인한 사회적 불안감이 증폭되고 있었다.

바로 이 지점에서 막스 베버의 고민이 시작되었던 것 같다.

그동안 서구 사회를 지탱해 오던 오래된 전통과 윤리적 가치가 사라지고, 인격적 관계보다는 시장에서의 합리적 관계가 앞서는 근대 자본주의 아래에서 "그렇다면 우리는 어떻게 살아야 하는가?"라는 질문이 대두되었기 때문이다. 이 외에도 어떻게 하면 이런 정글과 같은 산업 사회에서 사람들의 행동을 보다 가치 지향적으로 변화시킬 수 있을까? 그런 변화를 위한 실질적인 조건과 변수에는 어떤 것이 있을까? 등의 질문도 가지게 되었다. 그리고 그 답을 16세기 종교개혁 이후 발전해 온 프로테스탄트의 신앙과 윤리에서 찾게 된 것이다.

16세기 종교개혁 이후 개신교도들이 가졌던 신앙은 그들 자신의 삶을 전적으로 바꾸어 놓았다. 그들은 소명의식을 가지고 자신에게 주어진 일을 조직적이고 체계적으로 잘해 내기 위해 힘썼다. 과거 카톨릭이 득세하던 시대에는 일부 수도사들이 수도원에서 생활하면서 세상과는 동떨어진 채 영적인 귀족으로 군림하였다면, 종교개혁 이후에는 모든 사람이 수도사와 같은 절제된 영성을 추구하기 시작했다. 모든 사람이 각자 하나님께 자신의 삶을 드려야 하는 만인 제사장의 시대가 열린 것이다. 모든 사람은 하나님 앞에서 평등하며 존귀하다. 그들이 하고 있는 일은 하나님 앞에 의미 있는 일이다. 그리고 그들은 성도로서 수도사와 같이 금욕적이고 짜임새 있는 생활을 해야 하는 의무를 갖게 된 것이다.

이런 개혁적 신앙을 가진 개신교도들은 이 일을 잘 해내기 위해 자녀 교육에 힘썼고 자신을 절제하며 물질을 낭비하지 않은 결과, 적지 않은 자본을 축적하게 되었다. 그리고 교육과 자본을 유산으로 이어받은 그들의 후손들은 새로운 시민으로 거듭나 건전한 신앙인들의 공동체로 성장하기 시작했다. 따라서 자본주의와 그 안에서 이익을 추구하는 일은 단순히 물질적인 탐욕과 피도 눈물도 없는 냉혹한 생존경쟁을 표방하는 경제시스템에 적응하기 위한 활동이 아니라, 당시 신앙인들에게 도덕적으로 용인되고 오히려 장려되는 일이 되었다.

막스 베버는 이런 개신교 신앙이 자신이 살던 근대에까지 자본주의를 건강하게 이끌어 오던 정신이었다는 것을 증명하고자 했다. 그리고 자신이 살고 있던 시대에서는 이런 건강한 자본주의 정신이 점차 사라지고 있음을 뼈아프게 지적하였다.

막스 베버는 동시대에 살았던 지식인들이 흔히 빠지기 쉬웠던 염세주의나 낭만주의 또는 공산주의와 같은 사상에 동조하지 않고, 자본주의의 폐해를 극복하고 다시 건강한 사회로 나아가는 데 필요한 조건들을 찾아내고자 애썼다. 그리고 그 해답을 개인의 책임과 의무를 강조하는 개신교 윤리에서 찾았던 것이다.

경제생활에서 도덕과 윤리가 점점 사라지고 있는 지금의 현실에서 베버가 기대했듯이 프로테스탄트 윤리가 다시 한번 현대 자본주의에 도덕적인 생기를 불어넣어 줄 수 있을까?

# 정체를 밝혀라! 프로테스탄트들의 세계관

[프로테스탄트 윤리와 자본주의 정신]에서 나타난 세계관은 막스 베버의 세계관이 아니라 막스 베버가 역사적으로 연구하고 현실에서 관찰한 당시 프로테스탄트들 즉 개신교도들이 가지고 있던 세계관이다.

종교개혁 이후 개신교도들은 루터파와 칼뱅주의, 재세례파 계열의 침례교, 퀘이커교도와 메노파, 그리고 경건주의 계열 등 다양한 종파로 분화되어 왔다. 각각이 교리상 차이점은 있을지 몰라도 이들 모두는 '오직 성경, 오직 믿음, 오직 은혜, 오직 그리스도, 오직 하나님께 영광'이라는 종교개혁의 핵심정신에 그 뿌리를 두고 있었다. 그리고 막스 베버가 관찰했듯이 이들은 천국과 구원에 대한 공통된 믿음으로 다음과 같은 세계관을 견지하고 있었다.

### 첫째, 인간은 어떤 존재일까?

당시 개신교도들은 종교개혁가들의 가르침에 따라 인간은 전적으로 타락한 존재라고 생각했다. 인간이 행하는 어떠한 선행도 천국행 티켓을 보장하지 못한다. 인간은 오직 하나님께서 주권적으로 베풀어 주시는 은혜로만 구원받을 수 있는 존재이며, 오직 믿음으로만 구원받을 수 있는 존재이다.

여기에 칼뱅의 예정론을 받아들이면서 인간의 구원이 예정되어 있다고 생각하였다. 그런데 예정론을 받아들이게 되자 현세의 인간은 어느 누구도 자신이 구원받기로 예정되어 있는 사람인지 아닌지에 대한 확신을 가질 수 없는 존재가 되어 버렸다. 카톨릭의 면죄부와 같이 죄 사함에 대한 확신과 안심을 주는 눈에 보이는 종교적 행위가 배제된 상황에서 이들에게 남은 관심은 자신의 삶을 통해 구원의 징표를 받는 것이었다.

종교개혁의 정신에 따라 오직 순수한 신앙을 지키려고 목숨까지 내건 개신교도들에게 천국에 대한 기대와 열망은 인생의 모든 것이라 할 수 있었다. 그런 가운데 천국에 갈 수 있을지 없을지 모르는 불안감을 가지고 살아간다는 것은 견딜 수 없는 일이었다. 그래서 그들은 그리스도인이라면 현세의 삶에서 자신이 구원받은 존재인지 확인하기 위한 증거를 얻기 위해 노력해야만 하는 존재라고 생각했다.

### 둘째, 인간 사회에서 문제의 원인은 무엇일까?

개신교도들은 카톨릭과는 달리 성스러운 것과 세속적인 것을 분리하는 이분법적 사고를 받아들이지 않았다. 이 세상 모든 사람은 하나님 앞에서 평등하며 그들이 세상 속에서 하는 일들은 성직자들이 하는 일과 마찬가지로 거룩하다. 그런데 사람들이 종교 활동만 영적이고 일상의 삶은 속되고 무가치한 것으로 간주함으로써 아무렇게나 살게 되고, 그 결과 인간 사회의 여러 문제가 발생한다고 생각했다.

또한 개신교도들은 사적 영역이나 공적 영역의 구분 없이 이 세상의 모든 영역에서 하나님의 주권을 인정함이 마땅하다고 생각했다. 그리고 자신의 삶을 통해 모든 영역의 주인 되신 하나님 앞에서 자신의 믿음을 증명해 보여야 한다고 믿었다.

그러나 많은 사람들이 일상의 삶에서 하나님의 뜻을 실현하지도 하나님께 영광을 돌리지도 않고, 오히려 나태함과 게으름으로 인생을 낭비하고 사치하면서 이웃을 돌보지 않고 있기 때문에 인간 사회에 많은 문제들이 발생한다고 생각하였다.

**셋째, 인간 사회의 문제는 어떻게 해결할 수 있을까?**

그렇다면 이러한 사회 문제를 해결하고 다시 하나님 앞에서 부끄럽지 않은 신앙인으로 살아가기 위해 무엇을 해야 할까?

개신교도들은 모든 직업은 하나님께서 주신 것이며 하나님의 부르심이라고 믿었다. 그러므로 그 부르심이 무엇이었든 간에 이 땅에서 소명을 감당함으로 하나님께 영광을 돌려 드려야 하고, 그렇게 함으로써 내세에는 일평생 바라보던 천국에 가서 하나님의 임재 안에 영생할 수 있다고 믿었다.

소명의식을 가진 사람들은 자신을 위해 이윤을 추구하거나 부를 축적하는 것이 아니라, 하나님의 영광과 목적을 위해 부를 추구하여야 한다. 이렇게 생명이 주어진 시간 동안 철저한 금욕과 절제 그리고 합리적으로 조직된 직업노동을 통해 축적된 부는 이웃을 돕고 사회에 재투자되고 재생산됨으로써 이 세상 문제들 중 많은 부분을 해결할 수 있게 되는 것이다.

## 성경은 무엇이라 말하는가?

22 종들아 모든 일에 육신의 상전들에게 순종하되 사람을 기쁘게 하는 자와 같이 눈가림만 하지 말고 오직 주를 두려워하여 성실한 마음으로 하라  23 무슨 일을 하든지 마음을 다하여 주께 하듯 하고 사람에게 하듯 하지 말라  24 이는 기업의 상을 주께 받을 줄 아나니 너희는 주 그리스도를 섬기느니라
| 골로새서 3:22-24 |

5 종들아 두려워하고 떨며 성실한 마음으로 육체의 상전에게 순종하기를 그리

스도께 하듯 하라  6  눈가림만 하여 사람을 기쁘게 하는 자처럼 하지 말고 그리
스도의 종들처럼 마음으로 하나님의 뜻을 행하고  7  기쁜 마음으로 섬기기를 주
께 하듯 하고 사람들에게 하듯 하지 말라  8  이는 각 사람이 무슨 선을 행하든지
종이나 자유인이나 주께로부터 그대로 받을 줄을 앎이라  9  상전들아 너희도 그
들에게 이와 같이 하고 위협을 그치라 이는 그들과 너희의 상전이 하늘에 계시
고 그에게는 사람을 외모로 취하는 일이 없는 줄 너희가 앎이라

| 에베소서 6:5-9 |

근대 자본주의 시대를 살았던 개신교도들의 세계관과 오늘날 이 시대
를 사는 그리스도인들의 세계관에는 어떤 유사점과 차이점이 있을까? 그
리고 오늘날 성경을 마음껏 읽고 공부할 수 있는 우리는, 선배 신앙인들
에게 부족했던 부분들을 채워나가기 위해 어떤 노력을 해야 할까?

우선 우리는 초기 개신교도들과 같은 인간관과 구원관을 가지고 있다
는 점을 인정해야 한다.

인간은 모두가 예외 없이 죄 가운데 태어나고 전적으로 타락한 존재이
며, 하나님의 은혜가 아니면 구원받을 수 없는 존재라는 점에서 그러하
다. 또한 우리는 예수 그리스도를 믿음으로 의롭다 하심을 얻고 구원받음
을 믿으며, 믿음은 단지 입술의 고백으로 그치는 것이 아니라 삶으로 증
명되어야 한다.

그러므로 이 세상의 삶을 함부로 낭비하거나 하나님께서 우리에게 부
여하신 직업 노동을 하찮게 여길 수 없다. 초기 개신교도들의 생각처럼
우리 역시 성스러운 일과 속된 일을 구분하지 않으며 하나님의 영광을 위
하여 청지기로서의 사명을 다하고자 한다. 이 세상의 고통과 악의 문제를
해결하기 위해 자신의 삶을 충실히 살 뿐 아니라 이웃과 사회 공동체를
돌보아야 하는 책임을 다해야 한다.

다만 베버가 관찰했던 개신교도들의 신앙과 우리의 신앙에 차이가 있다면 그것은 삶을 조직적으로 긴장감 있게 살게 했던 마음의 동기일 것이다.

초기 개신교도들이 내세에 대한 지대한 관심과 소망을 가진 동시에 구원에 대한 불안감을 가지고 있었기 때문에 이를 해소하기 위해 자신들의 삶을 하나님 앞에 부끄럽지 않게 절제하며 합리적으로 살아가려고 애썼다면, 오늘을 사는 우리는 구원에 대한 불안감 때문이 아니라 하나님의 자녀로서 하나님 아버지를 사랑하기 때문에 하나님께서 기뻐하실 만한 삶을 살려고 애쓰며 그것을 통해 이 세상 가운데 하나님의 영광이 드러나게 해 드리고 싶어서 열심히 사는 것이다.

베버가 지적했듯이 개신교도들의 내세에 관한 관심이 줄어들면서 그들의 일상도 점점 세속화되었다. 현대 그리스도인들도 마찬가지다. 만약 믿음이 천국행 티켓을 따기 위한 것에 불과하다면, 일단 구원이 확증되었다고 믿어지는 순간 우리의 삶은 타락의 길을 걸을 수밖에 없다. 예수 그리스도 안에서 이 땅에서 지속적으로 성화된 삶을 살아야 할 내적 동기가 사라지기 때문이다. 그러므로 하나님 앞에서 다음 세상에 대한 긴장을 유지한 채 자기 마음의 중심이 올바로 서있는지 항상 점검해야 할 것이다.

## 현실 속에 나타난 성경적 세계관의 영향

막스 베버는 직업에 대한 기독교적 관점과 태도가 근대 자본주의를 건강하게 발전시켰다고 말했다. 물론 이것만이 근대 자본주의를 올바른 방향으로 이끌어 가는데 필요충분조건이었다고 말하는 것에는 비판이 있을 수 있다. 그러나 기독교 정신이 서구 사회를 구성하는 토대가 되었고 그리스도인으로서 살아가겠다고 결단한 사람들의 직업과 삶에 대한 태도를 변화시키는데 결정적인 동력이 되었다는 것은 부인할 수 없다.

성경은 '재물'에 대한 이야기를 자주 하고 있다. 하나님과 재물을 겸하여 섬길 수 없다고 한다. 재물이 거의 하나님과 겨룰 지경이다. 이것은 재물이 육신의 삶뿐만 아니라 영적인 건강에 지대한 영향을 미칠 수 있음을 하나님께서 미리 아시고 하신 말씀일 것이다. 자칫 잘못하면 우리는 지금 당장 눈에 보이는 재물과 육신의 안락함을 위하여 영원한 생명을 상실해 버리고도 그 사실조차 모른 채 살아가고 있을 수도 있기 때문이다.

누가복음 12장에 나오는 어리석은 부자의 이야기를 기억하는가? 그 이야기가 우리에게 주는 교훈은 무엇인가?

우리 삶의 주인은 내가 아니라 하나님이라는 것, 삶의 의미는 지금 가진 것으로 먹고 마시고 즐기는 데만 있지 않다는 것, 그리고 자기 창고에 재물이 그득히 쌓여있다고 부자라고, 안전하다고 생각하지 말라는 것이다. 현세에서 쌓은 많은 재물이 아니라 영원한 삶을 사모해야 하며 하나님께 대하여 풍요로운 삶, 하나님께서 기뻐하실 만한 삶이 진정 의미 있는 삶이라는 것이다.

달란트 비유에서도 마지막 때 그리스도께서 다시 오셔서 우리의 삶을 결산할 것이라고 하셨다. 맡겨진 삶을 착하고 충성 되게 산 사람과 악하고 위선적이며 게으르게 산 사람들을 구별하여 심판하겠다고 경고하셨다. 그 기준은 무엇일까? 하나님 사랑과 이웃 사랑이라는 계명을 자신에게 주어진 것들을 통해서 실천하고자 했는가 아니면 이러한 하나님의 명령에도 아랑곳없이 현세에서의 자기 만족과 이익만을 추구하고 살았는가가 기준이 될 것이다.

그렇다면 하나님의 이러한 경고에 대해 그리스도인들은 어떻게 반응해야 하는가? 진정 무엇이 중요한 것인지 알아야 하지 않을까?

구원의 확신이 없어 불안감에 시달리고 그 불안감을 조금이나마 해소하는 방편으로 두려움에 떨며 말씀대로 행동하는 것이 아니라, 이미 구원받은 하나님의 자녀로서 본이 되시는 예수 그리스도를 닮아 가기 위해 하나님의 말씀대로 이 땅 가운데 주신 사명을 잘 감당하며 살아가는 삶이어야 하지 않을까? 이것이야말로 영원의 시간 속에서 가치가 인정되는 삶이 아닐까?

예수님께서는 우리를 세상의 빛과 소금이라고 말씀하셨다. 세상의 어두운 곳에는 빛을 비추어 밝게 해주고 세상의 부패한 곳에는 소금을 뿌려 썩지 않게 막아 주는 사람들. 그 일들을 자신이 현재 하는 직업 속에서 자신이 서 있는 그 자리에서 잘 감당하려고 하는 사람들. 그들이 바로 그리스도인이다.

흔히 '기업가 정신(Entrepreneurship)'을 자본주의 정신의 꽃으로 언급하는 것을 본다. 기업가 정신이란 위험을 기꺼이 감수하는 태도를 말한다. 그러나 단순히 위험 부담을 감수하면서 고위험 고수익을 노리는 사람들을 가리켜서 하는 말이 아니다. 기업가 정신을 가진 사람은 어려움과 위험이 존재함에도 그 일이 가진 가치에 자신의 인생을 거는 사람들이다. 그리고 그 가치는 자신의 이익만을 위한 것이 아니라 이웃과 사회 공동체를 잘 섬기기 위한 일에서만 발견되는 것이다.

기독교 신앙 차원에서 볼 때 진정한 기업가 정신을 가진 사람은 하나님께서 자신에게 주신 분명한 사명이 있음을 믿고 그 길을 향해 가는 과정 가운데 위험이 있더라도 피하지 않고 용기를 내는 사람, 자기 혼자만을 위해서가 아니라 함께 하는 이웃과 사회 공동체를 위해 더 큰 꿈을 꿀 수 있는 사람, 그리고 그 일을 통해 하나님께 영광을 돌려드릴 수 있는 사람들이다. 그리스도인이 아니고 이 세상에 누가 그 일을 감당할 수 있겠는가?

# 일의 의미, 공무원 시험 열풍, 그리고 전업주부

자본주의가 우리 사회 안팎에 완전히 자리를 잡으면서 '직업'이라는 단어가 취준생, 대학 졸업 예정자, 이직을 고민하는 직장인들에게만 친숙하던 시대는 지나갔다. 이제 대부분의 사람들은 직업을 가지는 것을 당연하게 여기며 직업이 무엇이냐가 곧 삶의 질을 결정하는 것이라 생각한다.

우리 아이들은 어렸을 때부터 진로 관련 수업, 특강, 체험 캠프 등 다양한 프로그램을 접하고 있다. 이러한 프로그램들은 대체로 세상에는 다양한 직업이 있고 각 직업의 특성은 무엇이며 어떻게 준비하면 특정 직업을 가질 수 있는지 하는 내용으로 구성된다. 특히 실업률이 높은 요즘 같은 상황에서 직업을 어떻게 구하고 가질 것이냐에 초점을 맞춘 진로 교육과 진로 컨설팅의 인기는 나날이 높아지고 있다.

하지만 상대적으로 직업을 가진 이후에 어떠한 태도와 마음가짐으로 직장생활을 하는 것이 좋을지에 대한 교육이나 논의는 상대적으로 부족하다. 또한 각자의 일이 개인의 삶과 더불어 사회 공동체 가운데 어떤 의미를 가지는가에 대해 생각해 볼 기회 역시 턱없이 부족하다. 그래서인지 일단 취업은 했지만, 그 이후에 직장생활에서 직면하게 되는 다양한 문제들을 어떻게 다뤄야 할지 몰라 방황하거나 힘들어 하는 사람들을 만나기는 어려운 일이 아니다.

지금부터 자본주의 시대에 인간의 일에 대한 이해와 태도는 어떻게 변화했는지 세계관의 관점에서 살펴보자. 먼저 소명의식을 가지고 일했으나 그 일의 결과로 나타난 경제적 보상으로 구원의 예정됨을 확인하려 했던 프로테스탄트들의 세계관을 살펴보자. 또한 구원에 대한 불안이 아닌 확신을 품고 주어진 일을 하나님의 자녀로서 충성스럽게 하고자 하는 성경적 세계관도 함께 확인해보자.

## 일의 의미 – 지금 받는 보상으로 정의되는 것

한 번 들어간 직장에서 일생을 보내는 평생직장 개념은 이미 사라진 지 오래다. 이제 사람들은 지금 다니고 있는 회사만을 위해 충성심으로 일하지 않으며 자신과 기업 둘 다의 만족을 위해 일한다. 실제로 작년에 몇몇 기업에서 조직문화 워크숍을 직접 진행하면서 "조직문화가 좋다는 것은 어떤 의미일까?"에 대한 의견을 듣고 분석해 본 적이 있었다. 그 결과 좋은 조직문화를 가지고 있다는 것은 '개인과 조직이 똑같이 중요하게 여겨지는 것'이라는 의견이 많이 나왔다. 현대는 조직의 성과만큼 조직 구성원 개개인의 성장과 만족이 중요한 시대이다.

이처럼 이직이 잦아지고 직업에서 개인의 만족감이 중요해지면서 일의 의미는 지금 당장 주어지는 보상이 어떻게 되는가와 직결되게 되었다. 중장기적인 비전보다 현재 주어지는 급여와 근무환경이 일의 의미와 가치 자체를 결정하고 있는 것이다.

하지만 막스 베버가 관찰한 프로테스탄트들의 세계관에서 일의 의미는 지금처럼 현세에 받을 수 있는 것에 근거해 결정되지 않았다. 오히려 내세에 받을 것에 주목하여 정의되었다. 그 당시 개신교도들은 이 땅에 사는 동안 자신이 구원받았음을 확증 받고 싶어 했다. 만일 일을 통해 주어지는 금전적 보상이 크면 하나님께서 은혜를 주신 것이기 때문에 자신은 구원받은 사람일 것이라 생각했다. 또 소명의식 하에 받는 돈만큼만 일하지 않고 최선을 다해 일했다.

현대 그리스도인들과 막스 베버 당시 개신교도들은 열심히 일하는 동기가 서로 다르다. 베버 시대 개신교도들이 구원에 대한 불안감으로 최선을 다해 일했다면 현대 그리스도인들은 구원받은 하나님의 자녀이자 동역자로서 청지기적 사명을 다하고자 성실히 일한다.

반면 현대 그리스도인들과 막스 베버 당시 개신교도들은 '일을 소명으로 이해한다'라는 공통점을 갖는다. 둘 다 자신의 일을 하나님께서 맡기신 소명으로 여기기 때문에 주어진 일을 충실히 하며 자신의 일로 이웃과 지역 사회에 어떻게 기여할 수 있을까 고민한다.

여기서 잠시 이전에 교회 다니는 청년들과 대화하며 들었던 생각 하나를 나누고 싶다. 적잖은 크리스천 청년들이 자신을 향한 하나님의 특별한 소명을 분명히 확인한 뒤 직업을 선택하고 싶어 한다. 물론 이것이 틀린 것은 아니다. 하지만 자칫 소명을 발견하지 못했다는 이유로 새로운 시도를 계속 미루거나 이미 시작한 일을 쉽게 포기하지 않았으면 한다.

왜냐하면 직업적 소명을 찾는다는 것은 꽤나 긴 호흡으로 가는 여정이기 때문이다. 그리스도인은 일생을 살아가면서 주어진 여러 가지 일을 하

고전이 알려주는 생각의 기원

는 가운데 하나님의 관심사와 하나님께서 자신을 통해 하시고 싶으신 일들을 하나씩 알아갈 수 있다. 그래서 소명을 따라 산다는 것은 단순히 하나님의 뜻에 맞춰 직업을 제대로 구했는가를 의미하는 것은 아닌 것 같다. 오히려 어떤 직업을 가지고 있든지 그 일을 하나님의 뜻에 따라 하나님의 마음으로 하고 있는가와 관계가 있는 듯하다.

개인적 일상에서 마주한 성경적 세계관

나에게 들려주신 이야기 14
## 하나님의 관심사로 발견한 일의 의미

어떤 일을 하면 좋을까 기도하고 있을 때였다.

나는 기도하면서 동시에 나와 세상과 다른 사람들을 분석하느라 정신이 없었다. 내가 잘하고 좋아하는 것은 무엇인지, 세상에서 지금 뜨고 있고 앞으로 가장 뜰 직업은 무엇인지, 다른 사람들은 주로 어떤 직업을 왜 선택하는지에 온통 관심이 쏠려 있었다.

그러던 어느 날 아침 세수하려는데 문득 '나는 하나님을 사랑한다고 하면서 일을 찾는데 정작 하나님께서 관심 있으신 건 뭔지 전혀 신경 쓰지 않았네'하는 생각이 들었다. 그래서 얼른 하나님께 "하나님께서 가장 관심이 있으신 건 뭐예요?"라고 물었다.

그때 나는 속으로 하나님이 어떤 분야(진로)를 콕 찍어 말씀해 주시면 그것과 관계된 직업을 열심히 찾을 생각을 하고 있었다. 하지만 하나님의 대답은 내 예상을 완전히 빗나갔다. 하나님께서 "사람! 나는 사람에 가장 관심이 있단다."라고 대답하셨기 때문이다.

솔직히 정말 당황했다. 이런 하나님의 대답을 직업을 찾는 내 기도에 대한 응답으로 어떻게 받아들여야 할 지 몰랐기 때문이다.

하지만 하나는 확실히 알 수 있었다. 하나님의 가장 큰 관심이 사람에게 있다는 것 말이다. 그래서 우리 주 예수 그리스도께서도 사람을 구원하기 위해 이 땅에 오신 것이다.

그 이후로 내게는 어떤 일을 하느냐보다 더 중요한 것이 생겼다. 어떤 일이든 사람들을 만날 것이기 때문에 일을 통해 만나는 그 사람들을 어떻게 대해야 하나님께서 기뻐하실까 생각하는 것. 또 하나님이 행복하실 수 있도록 무슨 일을 하든 그 일을 통해 사람들에게 어떤 유익이 있게 할 것인가를 고민하는 것. 이 두 가지가 너무나 중요해졌다.

살아가는데 돈을 버는 직업을 가지는 것은 중요하다. 하지만 우리와 우리 아이들은 돈을 버는 데만 집중하기 보다 하는 일을 통해 사람들에게 어떤 유익을 줄 수 있을까를 고민하는 사람이면 좋겠다.

개인적 일상에서 마주한 성경적 세계관

나에게 들려주신 이야기 15

## 무슨 일을 하느냐보다 살아있음으로 확인되는 하나님의 뜻

무슨 일을 하면 좋을까? 라는 고민은 대학을 졸업할 때, 학위를 마칠 때만 할 줄 알았는데 그게 아니었다. 이 질문은 살아가면서 정말이지 평생에 걸쳐 끊임없이 하게 되는 것 같다.

하지만 야고보서를 읽고 아래의 묵상을 한 뒤로는 할 일에 관해 질문하

고전이 알려주는 생각의 기원

는 내 모습과 태도가 많이 변했다.

야고보서 4장 13~15절 말씀을 읽으면 비즈니스를 하려는 사람들에 관한 이야기가 나온다.

13절에서 사람들은 "오늘이나 내일이나 우리가 어떤 도시에 가서 거기서 일 년을 머물며 장사하여 이익을 보리라" 하고 계획을 말한다.

그러자 14~15절에서 하나님께서는 내일 일을 너희가 알지 못하고 너희의 생명은 잠깐 보이다 없어지는 안개 같으니 그렇게 말하지 말고, 대신 "주의 뜻이면 우리가 살기도 하고 이것이나 저것을 하리라(Instead, you ought to say, If it is the Lord's will, we will live and do this or that)" 라고 말하라고 하신다.

나는 이 본문 중에서 "주의 뜻이면 우리가 살기도 하고" 라는 말씀을 묵상하며, 내 인생에 주님의 뜻이 있음을 가장 확실하게 알 수 있는 근거는 바로 오늘 내가 살아있다는 사실임을 깨닫게 되었다. 주님의 뜻이 있었기 때문에 안개같이 사라질 수 있는 내 생명이 오늘도 여전히 이 땅에 존재하는 것이다. 나는 이제 아침에 눈이 떠지면 '나의 오늘을 향한 하나님의 뜻이 있구나'라고 믿는다.

또 "이것이나 저것을 하리라"라는 말씀을 보며 하나님의 뜻이 있으면 나는 이것 또는 저것을 하게 되리라는 것을 알게 되었다. 나는 늘 이 일을 하면 좋을까요? 저 일을 하면 좋을까요? 라고 질문 했었는데, 하나님께 중요한 것은 이 일이냐 저 일이냐가 아니었던 것 같다. 오히려 이것을 하든 저것을 하든 그 안에서 하나님의 뜻을 발견하는 것이었던 것 같다. 나로 오늘 살아서 그 일을 하게 하셨기 때문이다.

나는 지금도 여전히 무슨 일을 하면 좋을까? 라는 질문을 한다. 하지만 이제는 이 질문을 하는 마음이 무겁거나 답답하지는 않다. 혹시 할 일이 아무것도 없을까 한없이 불안에 빠지지도 않는다. 왜냐하면 이 질문을 할 수 있다는 건 내가 살아 있다는 것이고, 내가 살아 있다는 건 하나님의 뜻이 분명히 있다는 것이기 때문이다.

무슨 일을 할 수 있을지, 어떤 일을 하게 될지 몰라 답답하고 조급할 때라도 당신을 향한 하나님의 뜻이 없다고는 생각하지 말자. 우리와 우리 아이들이 오늘 살아 있다는 건 우리 모두를 향한 하나님의 뜻이 분명히 있다는 증거이니 말이다.

## 공무원 시험 열풍 – 우선 확보하고 싶은 안정성

적성이나 관심, 직업 만족도와 관계없이 많은 청년들이 교사 임용고시나 공무원 시험에 매달리는 모습을 보면 지금 이 시대에 '안정성'이라는 가치가 얼마나 우선하여 추구되고 있는가를 여실히 확인하게 된다. YOLO를 외치는 세대라 할지라도, 연금이나 정년 제도를 통해 미래의 안정성을 보장받을 수만 있다면 현재뿐만 아니라 미래의 일정기간 동안 느끼고 누릴 수 있는 즐거움은 기꺼이 포기하기도 한다. 그들은 '부자가 되려는 것'이 아니라 '부족할 것에 대한 염려에서 벗어나고 싶은 것'이다.

결핍에 대한 불안에서 벗어나려는 사람들의 시도는 크게 두 가지 모습으로 나타난다. 첫 번째 모습은 안정성을 최우선으로 하여 모든 것을 선택하는 것이다. 이미 언급했듯이 진로를 고려할 때 자신의 적성이나 강점, 가치 체계보다 정년과 연금 유무를 우선순위에 두고 결정하는 것이 이에 해당한다. 결혼을 고려할 때 사랑하거나 함께 꾸려나갈 미래가 기대되는 사람보다 미래에 자신을 보다 안정적으로 살게 해줄 것 같은 사람을 선택하는 것도 그렇다. 이 유형의 사람들은 좀처럼 위험을 감수하려 하지 않는다. 두 번째 모습은 가진 것이나 버는 것을 쓰지 못하고 모으기만 하는 것이다. 미래에 대한 불안으로 소유한 것을 누리거나 나누지 못하고 미래를 대비한다는 명목으로 모두 움켜쥐고 있으려 한다. 이 유형의 사람들은 타인에게

고전이 알려주는 생각의 기원

도 인색하고 자신에게도 인색하다.

하지만 막스 베버가 관찰한 프로테스탄트들의 세계관과 성경적 세계관에서는 모두 현세에서의 안정은 인간이 노력한다고 해서 확실히 확보할 수 있는 것이 아니라고 이야기한다. 미래에 무슨 일이 일어날지 정확히 아는 분은 오직 하나님 한 분뿐이기 때문이다. 인간이 아무리 자신이 생각할 수 있는 모든 시나리오 안에서 가장 안정적인 조건을 선택한다고 해도 그것이 결코 미래를 완벽히 보장해 줄 수는 없다.

그러므로 성경은 사랑으로 자녀들의 현재와 미래의 필요를 돌아보시고 채우시는 하나님 아버지만 신뢰하라고 이야기한다. 또한 하나님에 대한 이러한 믿음을 이웃을 섬기는 행동과 절제하는 모습으로 보이라고 말한다.

개인적 일상에서 마주한 성경적 세계관

나에게 들려주신 이야기 16
염려하지 않는 진짜 이유

어떻게 하면 미래에 대한 걱정과 염려에서 벗어날 수 있을까?

그것은 믿음이 있는 나에게 늘 궁금한 질문이었고 숙제였는데 마태복음 6장을 읽다가 그 답을 발견했다.

마태복음 6장 25절 "그러므로 내가 너희에게 이르노니 목숨을 위하여 무엇을 먹을까 무엇을 마실까 몸을 위하여 무엇을 입을까 염려하지 말라"라는 말씀을 묵상하던 중에 "그러므로"라는 단어가 눈에 확 들어왔다.

"그러므로"는 앞의 내용이 뒤 내용의 이유나 원인, 근거가 될 때 쓰는 접

속부사이다.

그래서 25절에서 "그러므로 염려하지 말라"고 말씀하셨다면, 그 앞 절인 24절에 우리가 염려하지 않을 수 있는 근거가 되는 말씀이 나온다는 이야기가 된다. 즉 나는 24절에 있는 말씀대로만 살면 염려하지 않을 수 있게 되는 것이다!

24절 말씀은 이것이다. "한 사람이 두 주인을 섬기지 못할 것이니 혹 이를 미워하고 저를 사랑하거나 혹 이를 중히 여기고 저를 경히 여김이라 너희가 하나님과 재물을 겸하여 섬기지 못하느니라"

그렇다. 염려는 무지와 불확실성의 문제가 아니라 주인의 문제였다.

사는 세상이 불확실하고 미래를 몰라서 그렇게 두렵고 염려가 가득했던 것이 아니다. 하나님께서 분명 자신과 재물 두 주인을 함께 섬기지 못한다고 하셨음에도 두 주인을 같이 섬기고 있었기 때문에 그렇게 불안했던 것이다.

내 불안과 염려를 떨쳐 낼 진짜 해결책은 오직 하나님 한 분만 주인으로 섬기는 것이다.

하나님을 잘 믿으면 부자가 되거나 필요할 때마다 원하는 것이 채워질 것이라 생각한다면 그것은 오산이다. 사실 그렇게 된다면 그 삶의 주인은 하나님이 아니라 그 사람 자신이라 할 수 있다. 하나님을 믿음으로써 가질 수 있는 안정감은 이런 논리에서 출발하는 것이 아니다.

나 역시 하나님께 부자가 될 거라는 약속을 받은 적은 없다. 하지만 부족하지 않을 거란 약속은 받았다. 하나님께서는 내가 하나님을 주인으로 섬기는 이상 부족하지 않을 것이라 하셨다.

어떻게 그럴 수 있을까? 그것은 하나님께서 모든 것을 그때그때 다 채워 주시기 때문이 아니다. 때때로 아니 자주, 나 스스로 하나님을 믿기 때문에 오히려 인내하고 절제하고 욕심을 내려놓고 자족하기 때문이다. 이처럼 하나님을 믿음으로써 가질 수 있는 안정감은 "하나님이 나의 하나님이 되신다"는 그 사실로부터 출발하는 것이다.

## 전업주부 - 돈을 버는 일에만 의미를 두는 사회

전 세계적으로 산업화가 일어나고 자본주의가 지배적인 경제 체제로 자리 잡으면서 일을 한다는 것은 곧 직업을 가진다는 것을 뜻하게 되었다. 주로 '돈과 같은 보상을 받음으로 생계유지에 도움이 되는 일'을 직업이라 정의하기 때문에, 사람들은 자연스레 돈 버는 일을 하는 경우에만 진짜 일을 하는 것이라 여기게 되었다. 상황이 이렇게 되면서 돈 버는 일과 비교할 때, 일의 절대적인 양과 중요성에서 전혀 뒤지지 않음에도 불구하고 전업주부가 하는 가사 노동, 자녀 양육과 같은 일은 현대 사회에서 그 가치를 제대로 인정받지 못하고 있다.

또한 요즘 사람들은 어려서부터 돈 버는 일이 얼마나 중요한가에 대해서는 자주 듣지만, 아름다운 가정을 이루고 건강하게 아이를 키우는 일이 얼마나 가치 있는가에 대해서는 거의 듣지 못한다. 입시 현장에서, 많은 시간을 보내는 미디어에서, 살아오며 만났던 여러 어른들에게서 돈 버는 일을 해야 즐겁고 후회 없는 인생을 살 수 있다는 이야기만 줄곧 들어왔을 뿐이다. 그래서 사람들은 돈을 안 버는 전업주부 일보다 돈을 버는 일을 할 때 더 잘 살고 있다고 느끼는 듯하며, 자녀를 양육하고 가정을 돌보는 일이 자신의 삶에서 어떤 의미가 있는가를 스스로의 힘으로 충분히 해석해내지 못하는 듯 보인다.

막스 베버가 관찰한 프로테스탄트들의 세계관과 성경적 세계관에서는 일은 돈을 벌 수 있기 때문에 의미가 있는 것이 아니라 하나님께서 주셨기 때문에 의미가 있는 것이라 말한다. 그리고 주어진 모든 일은 그 사람을 향한 하나님의 부르심이라고 이야기한다.

이에 이 세계관을 가진 사람들은 어떤 시점에 전업주부 일을 해야 한다면 그 일을 하나님께서 주신 귀한 일로 여기며 최선을 다하려고 한다. 힘들 때마다 일을 맡기신 하나님께서 분명 힘과 능력과 지혜를 함께 주실 것이라 믿고 도움을 구하며 말이다.

개인적 일상에서 마주한 성경적 세계관

나에게 들려주신 이야기 ⑰

## 육아 가운데 만나는 하나님

계속 일을 하다 처음으로 전업주부로 지내게 되었을 때의 일이다. 한국이 아닌 말도 잘 안 통하는 해외에서 홀로 육아를 하는 것이 생각보다 만만치 않았고 아는 사람도 없어 누구에게 도움을 청하기도 어려웠다. 일본으로 이사해 처음 맞닥뜨린 이슈는 아들이 다닐 유치원을 정하는 것이었다. 그때 나는 일본에서 오래 지내게 될 것이라 생각해 언어와 문화를 익힐 수 있도록 아들을 일본 유치원에 보낼 생각이었다.

유치원을 알아보며 동시에 일본 유치원에서 한국인 아이의 생활이 어떠한지 궁금해 인터넷 카페와 블로그에 올라온 글들을 열심히 찾아 읽었다. 그런데 그 글들에는 아이가 따돌림을 당했다는 등 부정적인 이야기가 너무 많았다. 아이를 일본 유치원에 보내는 것에 대한 걱정이 커지기 시작했다.

그렇게 아이가 일본 유치원에 들어가 혹 미움을 받을까 심하게 염려하고 있었을 때 아침 묵상 말씀을 펴니 전도서 9장이었다.

전도서 9장 1절 "이 모든 것을 내가 마음에 두고 이 모든 것을 살펴본 즉 의인들이나 지혜자들이나 그들의 행위나 모두 다 하나님의 손 안에 있으니 사랑을 받을는지 미움을 받을는지 사람이 알지 못하는 것은 모두 그들의 미래의 일들임이니라"라는 말씀을 읽는데 하나님께서 말씀하셨다. "연임아, 난 네게 네 아이가 미움을 받게 될 거라고 이야기한 적이 없는데, 그렇게 걱정하는 걸 보니 너는 인터넷 속 글들을 진리처럼 받아들여 네 믿음을 거기에 두었구나"라고.

그리고 동시에 하나님은 내게 이렇게 물으셨다. "연임아, 나는 네 아들이 언제 어디서나 사랑받게 될 거라고 약속하는 것이 아니란다. 다만 네 아이가 사랑받을지 미움받을지 그 미래는 내 손 안에 있는 것이라고 말하고 있는 것이란다. 그런데도 너는 나의 이 말을 믿고 무언가를 선택하고 또 그 결과를 받아들일 수 있겠니?"라고.

그렇다. 사람의 모든 미래는 하나님의 손 안에 있는 것이다. 나는 하나님의 이 말씀을 하나님께서 우리 아이의 삶의 해결사가 아닌 온전한 주권자가 되어 주시겠다는 약속으로 받았고 그래서 아멘으로 응답했다.

아들이 초등학교 1학년 때 "엄마는 과거로 갈 수 있다면 언제로 돌아가고 싶으세요?"라고 물은 적이 있다. 나는 그때 이렇게 대답했다. "엄마는 돌아가고 싶은 때가 없어. 바로 오늘이 제일 좋은 때야. 왜냐하면 엄마가 살아온 날들 중 오늘이 하나님을 가장 많이 아는 날이거든."

내 대답을 들은 아들의 반응이 재미있었다. 아들은 "엄마, 그러면 지난 주일이라고 답하셔야 되는 거 아니에요? 그 날이 하나님을 가장 최근에 배운 날이니까요."라고 말했다.

나는 "아니, 엄마는 주일만 하나님을 더 알게 되지 않고 매일 매일 하나님을 더 알아가니까 오늘이 하나님을 제일 많이 아는 날이 맞아. 그래서 오늘이 제일 좋은 날이야."라고 답했다.

부모와 아이는 이렇게 서로를 통해 하나님을 더 알아가는 축복을 누린다. 아이를 양육하는 것은 하나님께서 맡기신 일이라는 것만으로도 그 의미가 충분하지만, 아이를 기르며 더 깊이 있게 하나님을 알게 되는 축복은 무엇과도 비교할 수 없다.

고전이 알려주는 생각의 기원

# 에필로그

・・・

## " 너의 생각은 어디에서 왔니? "

이 책의 제목은 '고전이 알려주는 생각의 기원'이다.

다윈의 '종의 기원'에서 모티브를 얻은 이 제목은 오늘날 눈에 보이는 자연의 생명 현상을 이해하기 위해서 각각의 생명체들이 시작된 기원을 더듬어 올라가 보아야 하듯이, 오늘날 우리가 하는 생각들도 어느 날 갑자기, 하늘에서 뚝 떨어진 것이 아니라 그런 생각을 하게 된 이유와 배경이 있고, 그 출발점이 있다는 점을 강조하고 싶어서 정한 것이다.

진정한 의미에서 우리가 하는 생각의 기원은 아마도 아담과 이브가 살았고 선악과를 따 먹었던 에덴동산일 것이다. 그것보다 좀 더 후대에서 기원을 찾자면 플라톤과 아리스토텔레스가 살았던 아테네의 '아고라'가 될 것이다. 그러나 이 책에서는 현대를 사는 우리의 생각에 보다 직접적인 영향을 준 시기, 그 중에서도 19세기로 그 범위를 축소하여 집중 조명해 보려고 시도하였다.

이 책에는 두 그룹의 주인공들이 등장한다.

첫 번째 주인공들은 다윈, 프로이트, 마르크스, 니체, 베버이다.

이 책에 나오는 인물들은 그 이름도 유명한 '~의 아버지들'이다. 또한 이들이 쓴 책들은 누구나 제목은 알지만 대부분 읽어보지 않는다는 고전의 반열에 올라있다.

인간의 생각의 영역을 현실과 물질로 제한한 인본주의의 아버지 찰스 다윈. 인간의 생각의 세계를 무의식의 영역까지 확장시킨 정신분석학의 아버지 지그문트 프로이트. 인간의 생각을 계급의식이라는 새로운 차원으로 이끌고 간 공산주의의 아버지 칼 마르크스. 인간의 생각을 하나님과의 관계로부터 단절시켜버린 포스트모더니즘의 아버지 프리드리히 니체. 그리고 인간의 생각 중 특히 믿음의 영역이 인간사회의 모습을 바꾼 결과에 주목한 현대 사회학의 아버지 막스 베버. 우리는 이 아버지들로부터 물려받은 생각의 단초들을 가지고 현대의 문을 열었고, 이 아버지들이 밝혀 놓은 불빛을 따라 현대라는 시대를 헤쳐 나가고 있다.

두 번째 주인공들은 바로 '우리들'이다.

19세기를 살았던 생각의 아버지들이 열어 놓은 문을 별다른 의심 없이 성큼 들어선 우리들. 그 문으로 난 길이 우리를 어디로 인도하는지도 모른 채 그저 막연한 희망으로 한걸음 한걸음 옮기는 데만 급급한 21세기의 우리들 말이다.

이 책은 그런 우리가 잠시 숨을 고르고, 지금 우리가 있는 곳은 어디인지, 그 주변 풍경은 어떠한지 둘러 보기도 하고, 우리가 어디로 가려고 지금까지 이 길을 걸어왔는지, 그 방향은 옳은 것인지, 그리고 우리가 함께 이끌고 가는 다음 세대들에게도 이 길이 선한 길이라고 말해 줄 수 있는지 생각해 볼 수 있는 쉼터이다.

고전이 알려주는 생각의 기원

## 생각의 기원, 인본주의 세계관의 특징과 아이러니

19세기의 다윈, 프로이트, 마르크스, 니체가 가졌던 생각을 한마디로 말한다면 '인본주의 세계관'이라고 할 수 있다. 이전의 유럽 사회는 기독교적인 전통이 강하게 남아 있어서 인간의 모든 생각과 일들은 신과의 관계성 속에서 이해되고 해석될 수 있었다. 그러나 다윈을 시작으로 이제 인간은 인간에게 삶의 의미와 영속성을 부여했던 신과의 관계를 스스로 잘라 버리고 홀로서기를 시작하게 되었다. 우리가 이 책에서 생각의 기원으로 간주하는 세계관들은 신의 부재중에 인간들이 만들어 낸 것들이다.

인본주의 세계관은 세상에 등장한 이후 지금까지 강력한 설득력을 지니고 사람들의 마음을 사로 잡고 있다. 그러나 약 200년의 시간이 흐른 오늘날에는 여기저기 균열의 조짐이 보이기도 하고 이론적 부실함과 현실과의 불일치로 인해 많은 회의와 도전을 불러 일으키고 있다.

이런 인본주의 세계관의 첫 번째 특징은 **현실주의**이다.

인본주의자들은 인간에게 시간이란 오직 지금, 그리고 현재밖에 없다고 주장한다. 그리고 늘 눈에 보이는 것, 만져지는 것만이 존재하고 그것만이 중요하다고 말하며 인간에게 영원히 존재하는 영혼 따위는 없다고 단정 짓는다.

그러나 모든 인간에게는 영원히 살 것만 같은 착각이 있다. 항상 내일을 꿈꾸고, 영원히 살고 싶어 한다. 그래서 과학과 기술을 통해 지금과 현재의 시간을 극복하고 영원히 살 수 있는 방법을 끊임없이 모색하며, 현실에 안주하기 보다는 유토피아를 꿈꾸는 경향이 있다. 이러한 소망은 철저히 현실주의임을 자처하는 인본주의 세계관과는 잘 어울리지 않는다. 오직 현실만을 직시하고자 하는 인본주의 세계관이 유토피아주의로 자주 흘러간다는 사실 역시 역사의 아이러니가 아닐 수 없다.

인본주의 세계관의 두 번째 특징은 **인간중심주의**이다.

이들은 한결같이 신의 존재를 부인한다. 신의 존재를 극복해야만 진정한 인간다움을 발견할 수 있다고 주장한다. 어떤 절대자의 도움이나 인도 없이도 인간은 자신의 힘과 능력으로 스스로 고양될 수도 있고, 존엄성도 지킬 수 있다고 말한다.

그러나 다윈과 프로이트는 인간을 그저 생존본능에 충실하고, 본능에 의해 통제 당하는 동물로 묘사하였고, 인간의 소외문제를 해결해 주겠다고 약속했던 마르크스의 공산주의는 인간을 빈곤과 피의 바다로 이끌고 갔다. 니체는 각 개인의 선택을 삶의 기준으로 삼았지만 결국 인간다움이 무엇인지를 말해 주는 절대적 도덕 기준 자체를 없애버림으로써 인간의 정체성을 파괴하고 불안과 방황 가운데 헤매는 사람들을 무수히 양산해 내었다.

모두 인간을 위해 '신은 죽었다'라고 했는데 오히려 인간을 죽여버린 셈이 되었다. 결국 인간의 존엄성과 생명이 파괴되어 버린 것이다.

인본주의 세계관의 세 번째 특징은 **진화주의**이다.

인본주의자들은 세상에 변하지 않는 것은 하나도 없다고 말한다. 그러니 절대적인 가치나 진리와 같은 것은 없고 모두가 상황에 따라 상대적인 가치를 지닌다고 말한다. 그리고 모든 것은 더 나은 방향으로 진화해 갈 것이라고 희망을 불어넣어 준다. 지금 해결할 수 없는 문제가 있다 해도 조만간 해결책을 찾아낼 수 있을 것이라고 말이다.

그런데 역사를 보면 인간이 결코 진화하고 있지도 진보하고 있지도 않은 것 같다. 물질적인 생활이 개선되고 나아지는 것은 사실이지만 100년

고전이 알려주는 생각의 기원

전이나 천 년 전이나 역사가 기록된 이래로 인간의 본성이나 욕구는 별로 달라진 것 같지 않기 때문이다. 예나 지금이나 인간은 관계에서 발생하는 다양한 문제를 겪고 있고, 탐욕의 죄를 지으며 고통받고 있다. 고대인이나 현대인이나 근본적으로는 같은 문제를 안고 살아가고 있는 존재라는 것이다. 또한 문화가 다르고 문명이 달라도 동일한 원리가 적용되는 부분들이 있는 것을 보면 절대적인 가치가 존재하는 것 같기도 하다. 사랑과 배려 같은 관계성의 원리는 어느 시대, 어느 곳에서나 선한 가치를 지닌다.

마지막으로 인본주의 세계관의 특징은 **개인주의**인 동시에 **전체주의**이다.

인본주의 세계관은 한편으로는 개인에 집중하고 자아 몰입적 성향을 좋은 것으로 여긴다. 일단 인간의 사고체계 안에서 신의 영역을 제거하면서 인간이 생각하고 살아야 할 범위가 확연히 좁아졌다. 게다가 여기에 이웃과 공동체를 향한 관심과 배려보다는 나 자신의 행복에만 관심을 한정시키다 보니 한층 더 작아진 개인만 홀로 남게 되어 버린 것이다.

그러나 다른 한편으로는 '대중'이 중요하고 '여론'이 중요하다. 혼자 살아남아야 하는 인간은 늘 정체성의 불안감을 느끼게 되었다. 그래서 '무리'에 묻혀서 '무리'가 가는 방향이 옳은 것이라고 믿는 경향 또한 강화된 것이다. '신 앞에 선 단독자'로서의 인간이 아니라 하나의 '종(種)'으로서의 인간, 또는 전체 '계급'의 일원으로서의 인간만이 남게 된 것이다.

19세기, 인본주의 세계관이란 열쇠로 열어 놓은 현대의 길은 약속대로 우리를 행복의 길로 인도하고 있는 것일까?

## 다시 붙들어야 할 성경적 세계관

그렇다면 이제 두 번째 주인공인 우리들의 이야기를 좀 해 보자.

지금까지 설명한 인본주의 세계관과 극명하게 대비되는 것이 바로 성경적 세계관이다.

성경적 세계관은 현실이 아니라 내세 지향적이다. 현실의 삶도 중요하지만, 인간은 이 세상에서 나그네와 같은 삶을 살다가 천국이라는 본향에서 영원한 안식을 얻을 것이라는 소망으로 살아가는 존재이다. 모든 것은 인간 중심이 아니라 하나님 중심이다. 하나님의 관점에서 인간에게 일어나는 일들을 이해하고 해석하며, 혹 이러한 이해나 해석이 불가능하다 할지라도 사랑이 많으시고 선하신 아버지 하나님을 신뢰함으로 살아가는 존재이다.

또한 전적으로 부패한 인간은 스스로의 힘으로는 구원을 얻을 수 없지만 하나님의 은혜로, 예수 그리스도의 십자가 대속과 부활의 능력으로 구원받을 수 있는 존재이다. 그리고 이러한 하나님의 뜻을 계시한 성경 말씀은 어떠한 상황 가운데에서도 변하지 않는 절대 진리이다.

마지막으로 각 개인은 하나님의 형상으로 지음 받은 지극히 존귀하고 고유한 존재임과 동시에 하나님을 경외하고 이웃을 사랑하며 살아가도록 부르심을 받은 존재라고 확신한다.

베버가 관찰했던 초기 프로테스탄트들의 세계관이 바로 이런 세계관이었다. 그들은 하나님을 경외하며 천국을 소망하였고, 충성된 삶을 통해 하나님께 영광을 돌리면서 이웃들에게는 축복의 통로가 되었다. 그리스도인이란 '그리스도를 따르는 사람' 즉 '예수의 제자들'이라는 뜻이다. 프로테스탄트들이 '그리스도인'으로서 이 세계관을 진실한 믿음으로 살아 내었을 때 비로소 세상은 변했다.

그렇다면 지금 우리는 어떤 세계관으로 살아가고 있는가?

그리스도인이라고 입으로는 말하고 있지만 눈은 다른 곳을 바라보고, 손은 다른 일을 하고 있고, 발은 엉뚱한 곳을 헤매고 있지는 않는가?

성경은 창조주 하나님을 인정하고, 그분께서 선물로 주신 절대적인 진리와 도덕을 사랑하고 순종해야 한다고 명령하신다. 그리고 반드시 기억해야 하는 두 가지 실천적인 계명을 주셨는데 그것이 바로 하나님 사랑과 이웃 사랑이다.

그리스도인들에게 이 두 가지 사랑은 단지 정신적인 차원이나 영적인 차원에서만 이루어지는 일이 아니다. 실제 현실의 삶 속에 단단히 뿌리를 박고 자신의 몸을 사용하여 실천적으로 이루어질 때, 삶의 질서를 파괴하고 흔드는 인본주의 세계관의 강력한 영향력으로부터 우리와 우리의 이웃을 지켜낼 수 있다.

얼마 전, 아이와 나눈 대화이다. 아이의 말이 엄마는 무슨 이야기를 하든지 항상 '하나님'으로 끝을 낸다고 불평을 했다. '기, 승, 전, 하나님' 이렇게 말이다. 그래서 짜증이 난다고도 했다. 그 말을 듣고 난 후, 나는 '내가 도대체 왜 그럴까?' 생각해 보았다.

그 이유는 간단했다. 하나님이 창조주시기 때문이다. 하나님이 당신이 창조하신 세상의 모든 영역의 주인이시기 때문이다. 그분의 세계는 그분이 설계하신 원리대로 작동하게 되어 있다. 그래서 그분은 우리가 영화나 게임 이야기를 하든, 비즈니스를 이야기하든, 건강을 이야기하든, 어떤 분야에 관한 대화를 하더라도 항상 하실 말씀이 있으시다. 그리고 그 말씀들을 성경에 다 기록해 놓으시고 우리에게 잘 찾아서 적용하라고 명령하셨다. 이미 '완전한 진리'를 다 기록해 놓았다고 말이다.

이 책을 쓸 때, 우리는 성경적 세계관이 무엇이며 어떻게 살아야 한다는 정답을 제시하려고 하지 않았다. 솔직히 말하면 그럴 능력도 없다. 그저 이미 잘 알려진 이론들을 소개하고 몇몇 사례들과 소소한 묵상을 나누면서 도대체 우리가 지금 왜 이런 생각을 하고 있고, 왜 이렇게 살아가고 있는지 함께 고민해 보면 좋겠다고 생각했다. 특히 그리스도인이라고 말하는 우리가 왜 종종, 아니 자주, 무의식적으로 성경과 반대되는 어긋난 판단과 선택을 하며 살아가게 되는지 한번 되돌아볼 수 있는 계기를 마련해 보고 싶었다.

그리고 이 책이 우리가 가진 생각의 기원들을 살피면서 현재를 점검해 보고 미래의 방향을 설정하는 데 조금이라도 도움이 된다면 책을 쓰는데 드는 시간과 노력이 아깝지 않을 것이라고 믿었다.

우리는 이 책을 통해 사람들이 하나님을 조금 더 알게 되고, 조금 더 사랑하게 되고, 조금 더 순종하게 되기를 소망한다. 그렇게만 될 수 있다면 우리의 소박한 책 쓰기 시도는 성공적이라 말할 수 있을 것이며 우리는 충분히 그리고 이미 만족할 만한 보상을 받았다고 생각한다.

전 세계적인 어려움이 여전히 가시지 않은 이때 가장 집중해서 책을 쓸 수 있었던 것은 전적인 하나님의 은혜이다. 부족한 우리에게 오랜 시간 많은 생각과 경험들을 하게 하셨고, 특별한 만남을 예비하셔서 이 책을 세상에 내놓을 수 있도록 해 주신 사랑하는 아버지 하나님께 말로 다 표현할 수 없는 감사와 영광을 올려드린다.

2020년 봄, 생생한 초록빛에 눈이 부신 날에
정소영

1   마이 시스터즈 키퍼(My Sister's Keeper), 닉 카사베티스, 워너 브라더스 픽처스, 2009.

2   찰스 다윈, 『종의 기원』 홍성표 역, 홍신문화사, 2007.

3   글깎는 의사, 『프랜시스 골턴, 위대하고 위험한 분류자』, The Science Life, Dec. 15, 2019, http://thesciencelife.com/archives/3324.

4   가브리엘 쿠비, 『글로벌 성혁명』, 정소영 역, 밝은 생각, 2018, p.35~38.

5   지그문트 프로이트, 『꿈의 해석』, 이환 역, 돋을새김, 2014.

6   아맨드 M. 니콜라이, 『루이스 vs. 프로이트』, 홍승기 역, 홍성사, 2019, p.9.

7   위의 책, p. 305.

8   위의 책, p. 235.

9   위의 책, p.89.

10  칼 마르크스, 프리드리히 엥겔스, 『공산당 선언』, 이진우 역, 책세상 문고, 2018.

11  칼 마르크스, 『자본론 1』, 김수행 역, 비봉출판사, 2015, p. 307~412.

12  프리드리히 니체, 『짜라투스투라는 이렇게 말했다』, 사순옥 역, 홍신문화사, 2019.

13  막스 베버, 『프로테스탄트 윤리와 자본주의 정신』, 박문재 역, 현대지성, 2018.

## 참고 도서

### 제 1 장

- 찰스 다윈, 『종의 기원』, 홍성표 역, 홍신문화사, 2007
- 찰스 다윈, 『10% 원서발췌 종의 기원』, 이종호 역, 지식을 만드는 지식, 2018
- 가브리엘 쿠비, 『글로벌 성혁명』, 정소영 역, 밝은 생각, 2018
- Jeff Meyers & David A. Noebel, 『Understanding the Times』, Summit Ministries, 2016

### 제 2 장

- 지그문트 프로이트, 『꿈의 해석』, 이환 역, 돋을새김, 2014
- 지그문트 프로이트, 『정신분석 입문』, 최석진 역, 돋을새김, 2015
- 아맨드 M. 니콜라이, 『루이스 vs. 프로이트』, 홍승기 역, 홍성사, 2019

### 제 3 장

- 칼 마르크스 & 프리드리히 엥겔스, 『공산당 선언』, 이진우 역, 책세상 문고, 2018
- 플라톤, 『국가』, 천병희 역, 숲, 2013
- 칼 마르크스, 『자본론 1』, 김수행 역, 비봉출판사, 2015
- 김수행, 『자본론 공부』, 돌베개, 2014
- 칼 마르크스, 『경제철학초고』, 김문수 역, 동서문화사, 2018

고전이 알려주는 생각의 기원

## 제 4 장

- 프리드리히 니체, 『짜라투스투라는 이렇게 말했다』, 사순옥 역, 홍신문화사, 2019
- 프리드리히 니체, 『이 사람을 보라』, 곽복록 역, 동서문화사, 2017
- 프리드리히 니체, 『선악을 넘어서』, 강두식 역, 동서문화사, 2017
- 프리드리히 니체, 『우상의 황혼』, 강두식 역, 동서문화사, 2017

## 제 5 장

- 막스 베버, 『프로테스탄트 윤리와 자본주의 정신』, 박문재 역, 현대지성, 2018
- 애덤 스미스, 『국부론』, 유인호 역, 동서문화사, 2017
- 존 칼빈, 『기독교 강요 초판』, 양낙홍 역, 크리스천 다이제스트, 2016
- 낸시 피어시, 『완전한 진리』, 홍병룡 옮김, 복있는 사람, 2006

고전이 알려주는
# 생각의 기원
너의 생각은 어디에서 왔니?

**초판 1쇄 인쇄** 2020년 6월 2일
**초판 1쇄 발행** 2020년 6월 2일
**초판 2쇄 발행** 2020년 8월 6일
**초판 3쇄 발행** 2022년 3월 15일
**초판 4쇄 발행** 2023년 7월 10일
**초판 5쇄 발행** 2025년 3월 10일

**저자** 정소영, 이연임
**발행** 정소영
**출판** 도서출판 렉스
**등록** 2014년 4월 14일 제 2014-000111호
**주소** 서울특별시 중랑구 봉화산로 4길 70-4
**홈페이지** www.saintpaulworldview.org
**이메일** spaul.academy@gmail.com
**페이스북** https://www.facebook.com/sp.worldview

**ISBN** 979-11-958521-1-6(03210)